Les Anges et nos pierres de rêves

Signification des
messages de cristal
envoyés par nos Anges Gardiens

Pour
Andrea, Pablo, Lucas

LES ANGES
ET NOS PIERRES
DE RÊVE

Les Anges et nos pierres de rêves

Patricia Chaibriant ©2016

Le Code de la propriété intellectuelle interdit les copies ou reproductions destinées à une utilisation collective. Toute représentation ou reproduction intégrale ou partielle faite par quelqueprocédé que se soit, sans le consentement de l'auteur ou de ses ayant cause, est illicite et constitue une contrefaçon, aux termes des articles L.335-2 et suivants du Code de la propriété intellectuelle.

Mise en page, design, photographies :
Patricia Chaibriant

Crédit photos couverture et design :
Patricia Chaibriant, Dwayne Madden, Obento Musubi

ISBN : 979-10-97056-03-2

Introduction

Les rêves sont souvent des messages que transmettent les anges pour communiquer, informer ou nous prévenir sur des évènements plus ou moins importants.

Parmi les divers supports utilisés pour nous contacter, les pierres et les cristaux, depuis toujours considérés comme de très puissants symboles spirituels, sont des objets de prédilection qu'affectionne notre Ange Gardien pour nous démontrer son amour et son appui.

Chacun de nous a un Ange Gardien, un protecteur attentif et discret, un esprit guérisseur ayant pour mission de nous aider à surmonter les maux physiques et moraux, de nous soutenir et nous guider sur notre chemin de vie.

Les anges, les hommes, les animaux, les minéraux, les végétaux, planètes font partie d'un tout indissociable de l'Univers dans lequel nous sommes liés par une chaîne invisible et spirituelle.

Chaque élément de cette chaîne a une importance

sur l'autre, les Anges ont des rôles précis, les pierres et les couleurs possèdent une signification particulière, les planètes et les étoiles influencent la nature et nos comportements. Nous sommes les maillons de ce grand mouvement qu'est l'Humanité.

Lorsque nous rêvons de pierres, nous savons que notre Ange Gardien nous communique une information mais nous ne parvenons pas forcément à l'interpréter pour tirer profit de ce que nous avons retenu.

Le but de ce livre n'est pas d'expliquer le rêve particulier de chacun, la mission serait irréalisable, mais de vous ouvrir la voie qui vous permettra de décrypter le message que vous avez recu.

Il vous faudra pour cela tenir compte de plusieurs éléments importants exposés dans cet ouvrage et vous constaterez qu'avec un peu de pratique et d'habitude vous parviendrez non seulement à déchiffrer vos rêves mais aussi à mettre en oeuvre les conseils ou avertissements qu'envoie un Ange ou votre Ange gardien pour vous assister dans votre vie quoditienne.

Patricia Chaibriant
Novembre 2016

Qu'est ce que le rêve ?

LE RÊVE est un phénomène qui, tout ordinaire qu'il soit, a constamment étonné les hommes. De tout temps s'y sont rattachées des croyances et des craintes attribuées, au Moyen Âge, à des sources naturelles et surnaturelles permettant de recevoir des conseils en provenance directe de Dieu. On y attribuait une part de sorcellerie et beaucoup de mystères.

A l'état normal, on ne rêve que rarement pendant les premières heures du sommeil mais plutôt lorsque s'approche l'heure du lever. Les souvenirs qui apparaissent dans les rêves sont relatifs aux événements du ou des jours précédents mais ils peuvent aussi se rapporter à des périodes lointaines ou à venir.

Il arrive que les souvenirs anciens et récents se mélangent, forment un tout confus dans lequel on résout tout d'un coup des difficultés de mémoire, de jugement ou d'imagination qu'on n'avait pu surmonter pendant la veille.

Le rêve a des causes réelles et physiques. Une impression, un mouvement, un bruit, une sensation constituent souvent son déclenchement.

Les rêves sont basés sur les choses que nous rencontrons dans la vie : nos occupations habituelles, des objets, des personnes connues ou non. Nous voyons souvent des paysages, des villes, des monuments, des gens de notre entourage, de nos relations, des personnages imaginaires auxquels nous attribuons un nom, des scènes où nous jouons un rôle tantôt actif, tantôt passif.

Un aveugle de naissance ou quelqu'un privé de la vue avant l'âge de cinq ans n'a jamais de rêves visuels. A la place, ces personnes subissent des sensations, font des mouvements, entendent des sons, reçoivent des impressions, éprouvent des sentiments, mais ils ne voient rien. Aucun tableau, aucun paysage ne défilent devant leurs yeux.

Le rêve, un élixir de longue vie

LES RECHERCHES sur le sommeil et les rêves ont permis de découvrir que lorsque nous rêvions d'une scène à laquelle nous prenions part, l'image de nous-même qu'envoyait le rêve demeurait identique tout au long de notre vie. Dans nos rêves nous avons toujours le même âge.

Christoph Wilhelm Hufeland, premier médecin du roi de Prusse Frédéric III, reconnu comme le précurseur le plus célèbre de la médecine préventive anti-vieillissement, a consacré son œuvre à l'étude de la longévité et dit qu'un des meilleurs moyens de prolonger la vie était de donner à sa propre imagination une direction agréable, c'est-à-dire de se procurer à soi-même un état de rêve.

L'art de rêver est utile à la conservation de la jeunesse et de la santé, précisément parce qu'il empêche en nous la formation des idées fixes, des obsessions, en un mot des préoccupations qui font tant de victimes du stress et de l'anxiété.

LE SOMMEIL ET LES DIFFÉRENTS TYPES DE RÊVES

EN MOYENNE, un adulte nécessite sept à huit heures de sommeil divisé en cycles de trois phases variant chacune de 90 à 110 minutes. Une nuit peut comporter jusqu'à six cycles consécutifs, c'est à dire, répéter six fois les trois phases du sommeil.

DÉROULEMENT D'UN CYCLE DE SOMMEIL :

Première phase :
Etat de veille diffuse pendant laquelle nous pouvons facilement être réveillé.

Seconde phase :
Sommeil lent servant principalement à la récupération de la fatigue physique et à la régénération des défenses immunitaires. La personne que l'on réveille dans cette phase ne se rappelle généralement pas de ses rêves.

Troisième phase :
Sommeil paradoxal permettant la récupération de la fatigue psychologique. La personne que l'on réveille dans cette phase se souvient d'avoir rêvé sans obligatoirement se souvenir des détails du rêve.

Au bout de ces trois phases, le cycle recommence jusqu'à notre réveil.

Rêverie

La rêverie est un état très court situé entre la veille et le sommeil durant lequel on laisse inconsciemment libre cours à notre imagination.

Cette période de repos peut nous aider à comprendre nos sentiments et à réfléchir sur les actions à prendre pour atteindre nos objectifs.

Rêves lucides

Le rêve lucide arrive lorsque, durant notre sommeil, nous réalisons que nous rêvons.
Certaines personnes parviennent à contrôler cet état et ainsi agir sur leurs rêves. Elles en deviennent des membres actifs pouvant communiquer avec un Ange et prendre avec lui, sans se réveiller, des décisions qui influenceront le résultat du rêve. Les rêves lucides peuvent aider à visualiser et répéter un événement avant qu'il ne se produise réellement.

Rêves récurrents

Les rêves récurrents sont ceux qui se répètent avec peu ou pas de variations dans l'histoire ou le thème.
La plupart de ces rêves contiennent des messages qui servent à nous apprendre quelque chose sur nous-même.

Cependant, peu de temps après notre réveil, nous avons tendance à les oublier rapidement alors notre Ange Gardien les envoie régulièrement pour nous obliger à y faire attention car il cherche désespérément à nous transmettre une information importante.

Ces rêves cessent lorsque nous prenons les décisions qui s'imposent.

Rêves de guérison

Les rêves de guérison sont des messages concernant la santé. Notre Ange Gardien nous signale qu'il y a un problème avec notre corps souvent même avant que des symptômes physiques n'apparaissent, il nous envoie une pré-alerte pour nous informer et nous conseiller .

Rêves prophétiques

Les rêves prophétiques ou rêves prémonitoires sont ceux qui annoncent l'avenir.

Notre Ange Gardien sait ce qui va arriver et nous envoie des renseignements concernant un évènement futur. Il est souvent difficile de savoir qu'il s'agit d'un rêve prophétique tant que les faits annoncés ne se sont pas réalisés.

Ces rêves ont davantage tendance à survenir lorsque l'on éprouve de l'anxiété face à notre devenir.

Ils indiquent qu'inconsciemment, nous avons pris contact avec notre Ange Gardien pour lui demander de nous tranquilliser et nous apaiser.

RÊVES COSMIQUES

Les rêves cosmiques sont si convaincants que nous ne pouvons pas les ignorer, ils sont emplis de beauté et de puissants symboles qui demeurent longtemps dans notre esprit.

Quand nous nous réveillons d'un tel rêve, nous sentons que nous avons découvert quelque chose de profond, d'étonnant sur nous-même ou sur le monde, nous avons le sentiment d'avoir vécu une expérience qui change notre vie.

Lors de ces rêves notre Ange Gardien nous transmet des messages chargés d'émotions fortes qui nous font prendre conscience d'un changement à venir nous incitant à regarder la vie sous un angle nouveau.

Rêves progressifs

Les rêves progressifs se déroulent comme les épisodes d'une série, c'est une séquence qui continue et se complète dans laquelle le rêve s'arrête puis reprend où il avait cessé la nuit précédente.

Lors de ces rêves notre Ange Gardien nous incite à explorer les différentes options et approches d'un problème, l'évolution d'une situation ou d'une relation.

Rêves communs

Ces sont des événements similaires dont rêvent deux personnes distinctes. Notre Ange Gardien nous transmet un message et envoie le même à quelqu'un que nous connaissons afin, qu'ensemble, nous unissions nos forces pour parvenir à un objectif.

Lorsque nous découvrons qu'un ami ou un membre de notre famille a eu le même rêve que nous c'est qu'il existe un lien spirituel très fort indiquant que nous partageons le même problème et la même solution.

Rêves télépathiques

Ce sont des messages délivrés par un Ange très puissant qui nous permettent de nous connecter aux pensées de quelqu'un au travers de notre rêve. Ceci ne peut se produire qu'avec une personne qui nous est familière.

Les anges et nos pierres de rêve - 14

Apparition

Notre Ange Gardien nous transmet des images de personnes familières ou inconnues pour insister sur l'importance du message qu'il nous délivre.

Cauchemar

Le cauchemar est une sorte de mauvais rêve angoissant, qui nous fait ressentir un sentiment d'oppression, de malaise ou d'anxiété.

Il peut être dû à des causes extérieures physiques ou morales: une grande fatigue avant de s'endormir, le ventre creux ou trop plein au moment de se coucher, un chagrin, de grandes contrariétés, une ambition déçue, des douleurs, des soucis, excès de travail etc.
En un mot toute cause déprimante peut créer un cauchemar mais il peut également être provoqué par des causes spirituelles, c'est-à-dire cachées pour la généralité des hommes.

Des invisibles, des êtres du monde astral, de l'au-delà, des esprits mauvais, peuvent causer un cauchemar en comprimant la poitrine, le ventre ou ces deux portions du corps à la fois, de sorte que l'individu qui subit ce mauvais rêve, ne peut ni crier, ni parler, ni parfois respirer, ni exécuter le moindre mouvement pour se défendre ou se protéger d'un danger.

Si nous ressentons un sentiment de terreur ou vraiment traumatisant, peu importe le message que transmet le rêve, il n'est pas envoyé par un Ange Protecteur mais par un Ange déchu car les Anges ont pour mission de protéger, prévenir, avertir, mais en aucun cas de faire peur ou de terroriser.

Les Anges

Les anges sont des messagers qui communiquent avec l'homme pour le protéger, le prévenir et le guider sur le chemin de la vie.

La religion parle des "Anges Gardiens" attachés à nos âmes. Ces Anges sont des esprits qui flottent dans l'espace de nos rêves et nous suggèrent des pensées et des actes.

On retrouve les anges sous des noms différents dans toutes les religions, principalement celles qui sont monothéistes, c'est à dire pour lesquelles il n'existe qu'un Dieu unique.

Dans le Coran, livre sacré de l'Islam, les anges occupent une place de choix avec la célèbre "Pierre Noire" qui se trouve à La Mecque et est intimement liée à l'Ange Gabriel.

Dans la religion Judéo Chrétienne, les Anges sont classés hiérarchiquement par ordre d'importance en neuf chœurs chacun transmettant ses messages au chœur situé en-dessous jusqu'à ce qu'il arrive au dernier: celui des Anges qui eux, les communiquent aux hommes.

On appelle "Anges" ou "Archanges" les messagers de toutes les hiérarchies supérieures à celle des Anges, c'est à dire la dernière, qui eux sont uniquement nommés "Anges".

La hiérarchie des Anges

1 - LES SÉRAPHINS : anges supérieurs associés à la couleur blanche. Leur mission est d'apporter l'amour et les miracles dans nos vies. Leur Prince est l'Archange Métatron qui nous encourage à vivre une existence équilibrée. Il est le témoin de nos bonnes actions et de l'amour que nous donnons aux autres.
Les pierres blanches sont associées aux Séraphins

2 - LES CHÉRUBINS : anges très puissants associés à la couleur rose. Leur mission est de nous apporter la sagesse, le discernement et la connaissance. Leur Prince est Cherubiel, Ange guerrier fort et confident qui vient à notre secours lorsque nous nous sentons vulnérables.
Les pierres roses sont associées aux Chérubins

3 - LES TRÔNES : associés à la couleur indigo, ce sont les Anges de la justice et de l'autorité. Leur mission est de nous communiquer l'humilité et l'impartialité.
Leur Prince est Zaphkiel, Archange qui nous transmet la connaissance et la compréhension.
Les pierres de couleur indigo sont associées aux Trônes

4 - LES DOMINATIONS : associés à la couleur bleue, ils recoivent leurs ordres des Séraphins et des Chérubins et contrôlent les anges inférieurs. Leur Prince est l'Archange Zadkiel qui nous transmet la bienveillance, la miséricorde, la mémoire, la jovialité et la compassion.

Les pierres de couleur bleue sont associées aux Dominations

5 - LES VERTUS : associés à la couleur rouge ils contrôlent le mouvement des planètes, des étoiles et des galaxies ainsi que les lois cosmiques. Leur Prince est l'Archange Raphaël qui veille à notre guérison physique et spirituelle ainsi qu'au bien-être et à l'équilibre de l'environnement.

Les pierres de couleur rouge sont associées aux Vertus

6 - LES PUISSANCES : associés à la couleur jaune et or, leur mission est de maintenir l'ordre et de protéger le monde contre les actions des anges déchus. Les Puissances communiquent avec l'homme au travers de l'intuition, des rêves et des prémonitions pour l'avertir d'un danger imminent. Leur Prince est l'Archange Camael qui nous transmet la beauté, la joie et le bonheur, la paix et l'harmonie.

Les pierres de couleur jaune et or sont associées aux Puissances

7 - LES PRINCIPAUTÉS : associés à la couleur violette, ils sont les gardiens des dirigeants du monde, des nations et des religions. Leur Prince est l'Archange Anaël qui dirige les sentiments, l'amour et les relations.
Les pierres de couleur violette sont associées aux Principautés

8 - LES ARCHANGES : associés à la couleur verte, ils ont pour mission de nous protéger du mal, pardonner nos erreurs et nous communiquer des messages importants.
Les pierres de couleur verte sont associées aux Archanges

9 - LES ANGES : associés à la couleur argent et grise, ils sont les messagers ordinaires chargés de surveiller les mortels d'une façon plus directe que les anges des Principautés. Ils nous guident, nous conseillent et veillent sur nos vies et destinées.
Les pierres de couleur grise et argent sont associées aux Anges

Communiquer avec les anges

Les anges nous contactent au travers de nos rêves, mais il arrive qu'on ait besoin de leur aide et que l'on souhaite les contacter sans attendre qu'ils viennent, pour cela, on utilise la méditation des cristaux.

Protection contre les anges déchus et les esprits nuisibles

Afin de se prémunir contre les cauchemars et pour communiquer en toute sérénité avec un Ange il faut protéger notre environnement contre les entités négatives. Il est nécessaire de préparer la maison à accueillir les esprits protecteurs, en particulier là où nous dormons, avec des cristaux spécifiques, préalablement purifiés pour en retirer les énergies négatives. Les pierres et cristaux les plus efficaces sont : **le cristal de roche, l'améthyste, la tourmaline noire, le lapis-lazuli et l'œil de tigre**.

Il existe de nombreuses méthodes pour assainir les pierres, la plus simple consiste à les placer sur le bord d'une fenêtre pour les laisser doucement se purifier à la lumière de la Lune pendant une nuit entière avant de les utiliser.

Lorsque la purification est achevée, on place les cristaux de quartz rose et d'améthyste soit sous son oreiller, soit dans une assiette que l'on met sous le lit ou sur une table de chevet.

Les cristaux de cristal de roche, de tourmaline noire, de lapis-lazuli et d'œil de tigre sont à disposer à l'intérieur de la maison de chaque côté de la porte d'entrée. Les énergies positives dégagées par les pierres serviront à protéger l'environnement et donc notre sommeil contre toutes sortes d'agressions psychiques.

Cristaux de protection contre les esprits nuisibles

La méditation

VANT ET APRÈS TOUTE MÉDITATION avec une pierre il faut impérativement la purifier, pour ce faire il faut procéder de la même manière que celle décrite précédemment pour les cristaux protecteurs de la maison.

Il faut tout d'abord choisir un endroit paisible éloigné de tout bruit extérieur. Posez la pierre associée à l'Ange que vous souhaitez contacter sur une table ou un meuble de façon à ce qu'elle se trouve à hauteur de vos yeux, asseyez-vous au sol avec les jambes croisées et le dos bien appuyé contre quelque chose de dur, un mur ou un meuble.

La tête ne doit pas être rejetée en arrière mais maintenue droite ou avec le menton légèrement baissé. Votre respiration doit être régulière, soutenue et uniforme pour permettre au corps de se relaxer entièrement.

Vous pouvez renforcer le pouvoir de la méditation en créant un cercle de protection autour de vous avec des cristaux de cristal de roche et de tourmaline noire.

La méditation se fait sur la pierre que vous devez fixer en visualisant mentalement et intensément le problème qui vous préoccupe et en vous concentrant sur l'Ange auquel vous souhaitez demander de l'aide.

Il n'existe pas de règle sur la durée de la méditation ni sur le nombre de fois où il est nécessaire de méditer.

Il faut, cependant, rechercher toujours le même emplacement afin de construire autour de vous une coquille de protection qui rendra les contacts supérieurs désirés plus faciles.

A la suite de vos méditations, même si vous ne vous souvenez d'aucun de vos rêves, vous saurez que vous avez obtenu une aide spirituelle lorsque votre esprit se sentira apaisé et que vous parviendrez à résoudre le problème qui vous préoccupait ou que vous verrez apparaitre des solutions à des situations qui vous paraissaient désespérées.

Nous ne connaissons pas forcément le nom de notre Ange Gardien, c'est lui qui se révèle et le communique au fur et à mesure des contacts que nous avons avec les esprits spirituels.

ANGES À INVOQUER PAR DOMAINES

Chaque Ange ayant une mission et un rôle particulier, lorsque vous vous trouvez face à un problème précis, il est possible d'invoquer un Ange plus apte qu'un autre à apporter son aide pour améliorer une situation ou certaines circonstances. Il vous faut méditer comme décrit précédemment en utilisant la pierre la mieux appropriée.

Argent, finance, prospérité, chance

Pierres à utiliser pour la méditation :
citrine, cinabre, œil de tigre, cornaline
Pour attirer la chance sur le plan professionnel ou sur les études :
malachite et citrine
Pour attirer la chance et les gains dans les jeux :
aventurine et tourmaline verte

ARIEL : Ange de l'argent et des biens matériels, il permet l'enrichissement financier, la liberté d'entreprise et l'accroissement des ressources.

ANAUEL : facilite les rentrées d'argent rapides.

CAHETEL : favorise le développement des affaires, développe la prospérité et les mouvements d'argent.

Veuliah : accorde abondance joie et richesse, fait fructifier les projets. On l'invoque pour assurer la prospérité d'une entreprise matérielle ou spirituelle.
Yeyayel : gouverne les transactions financières, permet de mieux gérer l'argent.

Relations amoureuses, couple, amitié
Pierres à utiliser pour la méditation :
quartz rose, émeraude, pierre de lune, kunzite.
Pour stabiliser une relation :
quartz rose et chrysocolle
Pour remédier à la jalousie :
quartz rose et chrysoprase
Pour avoir confiance en soi :
quartz rose et tourmaline melon d'eau
Pour attirer la chance sur un mariage ou une union :
quartz rose, émeraude et hématite

Aladiah : aide à dédramatiser les problèmes et à développer de bonnes relations, il facilite un nouveau départ après un conflit ou une séparation.
Chamuel : communique de nouvelles idées pour améliorer les relations, il aide ceux qui cherchent l'amour véritable et renforce les relations entre deux personnes. On l'invoque pour trouver l'âme sœur ou consolider une union existante.

Haziel : apaise les conflits et les douleurs sentimentales, encourage l'amour et le pardon, développe les histoires d'amour ou d'amitié, permet d'aimer et d'être aimé.

Jeliel : accorde la tranquillité et le bonheur ainsi que la réussite de toute union. On l'invoque pour résoudre les problèmes de mésentente, de séparation, de querelle et consolider le foyer.

Lelahel : développe l'intuition permettant d'identifier les relations sincères.

Mebahel : assure la transparence des sentiments et remédie aux situations liées à l'infidélité.

Mihael : Ange protecteur du couple, de la famille et des relations il permet la réconciliation et la bonne entente entre conjoints.

Yezalel : assure l'harmonie, la fidélité, la complémentarité et l'équilibre dans le couple. On l'invoque dans les situations de tromperies et de mensonges.

Relations familiales, enfants, parents
Pierres à utiliser pour la méditation:
quartz rose, tourmaline melon d'eau, émeraude

Khavakiah : facilite les relations et l'entente familiale, arrange les conflits et disputes.

Rehael : développe l'amour, l'obéissance et le respect entre parents et enfants, harmonise les relations.

Travail, emploi, carrière, études

Pierres à utiliser pour la méditation :
amétrine, émeraude, grenat rouge, jade vert, sodalite, chrysobéryl, rubis

MANAKEL : favorise la durabilité de l'emploi et de toute situation professionnelle

MENADEL : permet de s'adapter à de nouvelles techniques et de comprendre l'importance du travail. On l'invoque pour trouver un emploi valorisant.

MITZRAEL : Ange de l'activité intellectuelle il libère le mental de toute négativité, protège le travail, et l'entreprise, encourage l'harmonisation cérébrale et spirituelle.

On l'invoque avant les examens, dans les études et la recherche.

MUMIAH : Ange du renouveau il permet de repartir à zéro, de se renouveler, il aide les personnes à voir leurs bons côtés et à apprendre à s'estimer.

SITAEL : stimule l'énergie constructive, permet de vaincre les difficultés permettant de trouver un emploi. On l'invoque avant de commencer une nouvelle entreprise.

Santé, équilibre émotionnel et mental, fertilité

Pierres à utiliser pour la méditation :
ambre, améthyste, obsidienne larme d'Apache, jaspe sanguin, magnétite, quartz fumé, tourmaline verte

Gabriel : cet Archange veille sur la fertilité, la conception, l'adoption, il favorise la naissance et protège tout ce qui est lié à l'enfance.
Nithael : veille sur la santé et la longévité.
Mebahiah : lutte contre la stérilité et favorise ceux qui veulent avoir des enfants.
Omael : Ange de la fécondité il protège la la femme enceinte, la naissance et la santé.
Raphael : Ange de la guérison il nous aide à soigner l'esprit, les pensées et les corps.
Sealiah : équilibre les forces vitales et permet de retrouver de l'énergie après une maladie.
Seheiah : stimule le nettoyage intérieur de nos émotions négatives, protège contre les accidents, veille sur la guérison et la santé.
Zadkiel : contrôle les énergies et la bonté. On l'invoque pour soigner les douleurs émotionnelles.

Protection contre les forces négatives

Pierres à utiliser pour la méditation :
améthyste, œil de tigre, cristal de roche, cornaline, hématite

NELCHAEL : possède le pouvoir d'exorciser le mal, protège contre les calomnies, les pièges et les sortilèges.
NITH-HAIAH : révèle les mystères occultes et la connaissance du monde sacré au travers de rêves prémonitoires. On l'invoque pour maîtriser les forces spirituelles, repousser les énergies destructrices, faciliter les visions.

Protection de la nature et des animaux

Pierres à utiliser pour la méditation :
agate, jaspe dalmatien, jaspe rouge, labradorite, lapis-lazuli

UMABEL : protège et règne sur la nature et les planètes.

LES PRINCIPAUX ANGES INTERVENANT DANS LES RÊVES

HAHAIAH : appartient au chœur des Chérubins, sa mission est de gouverner les rêves, faciliter leur interprétation et nous en révèler le sens.
On invoque l'aide d'Hahaiah pour se protéger des attaques de ses adversaires et ennemis.
Hahaiah règne sur les jours suivants:
31 mars, 11 juin, 22 août, 2 novembre, 13 janvier
Méditation : pierres de couleur rose

MAHASIAH : appartient au chœur des Séraphins, il nous aide à analyser les rêves et à en étudier leur symboles.
Mahasiah règne sur les jours suivants :
24 mars, 4 juin, 15 août, 26 octobre
6 janvier.
Méditation : pierres transparentes ou de couleur blanche

LAUVIAH : appartient au chœur des Chérubins, il veille sur la qualité du sommeil pour en faire disparaitre la tristesse et les angoisses, pénètre l'inconscient et nous fait percevoir les grands mystères de l'Univers au travers de rêves révélateurs.

Lauviah règne sur les jours suivants :
30 mars, 10 juin, 21 août, 1er novembre,
12 janvier
Méditation : pierres de couleur rose

ARIEL : appartient au chœur des Puissances, il nous transmet des rêves initiatiques prémonitoires et des révélations.
Ariel règne sur les jours suivants :
4 mai, 15 juillet, 25 septembre, 6 décembre, 16 février.
Méditation : pierres de couleur jaune

MANAKEL : appartient au chœur des Anges, il dégage une douce énergie qui nous fournit un sommeil réparateur. On invoque Manakel pour nous aider à mieux comprendre le sens de nos rêves.
Manakel règne sur les jours suivants :
24 mai, 4 août, 15 octobre, 26 décembre, 8 mars
Méditation : pierres de couleur grise et argent

Vers quel ange se tourner

ARIEL
Ariel, le "Lion de Dieu" est le protecteur des enseignants et des guérisseurs, de l'environnement et des animaux.

Nous faisons appel à Ariel pour qu'il rassure nos craintes, nous aide à trouver le courage d'affronter les situations difficiles, renforce notre confiance personnelle et développe notre intuition.

Sa couleur est le rose pâle, la pierre associée à Ariel est le quartz rose

AZRAËL
Azraël est l'Ange de la mort. Il est la fin qui symbolise aussi le renouveau: fin d'une période, changement de vie ou de lieu, nouveau départ.

Azraël facilite les contacts avec l'au-delà, il apporte réconfort et amour à ceux qui sont en deuil, à ceux qui vont mourir.

Nous faisons appel à Azraël quand nous devons affronter la mort, que ce soit celle d'un proche, d'un ami ou d'un animal. Azraël n'est pas à craindre, il faut le voir comme un guide qui nous conduit d'une existence à une autre.

Il ne se contente pas d'apparaître lorsque la mort est proche, il reste aussi présent pour apaiser nos inquiétudes et nos peurs.
Sa couleur est le jaune clair, la pierre associée à Azraël est la calcite jaune, porter cette pierre sur soi en période de deuil ou de fin de vie peut apporter un réconfort supplémentaire.

CHAMUEL

Chamuel nous aide à voir clair sur notre chemin de vie, à découvrir et rencontrer les choses, les situations et les personnes qui nous permettront d'avancer.
Il nous guide sur le chemin de la réussite personnelle et professionnelle grâce à l'amour et la bonté.
Dans la mythologie celte, Chamuel était le Dieu de la guerre.
Gardien des portes du ciel, il avait la responsabilité de plus de douze mille anges de Destruction chargés de maintenir la paix à ses côtés aux portes du Paradis .
Nous faisons appel à Chamuel pour nous aider à affronter une situation compliquée, à défendre une cause et à trouver la force et la volonté nécessaires pour atteindre notre but.
Sa couleur est le vert pâle, la pierre associée à Chamuel est la fluorite verte.

GABRIEL

Gabriel est l'Archange messager, il aime encourager l'écriture, la culture et les lettres. Il nous permet de découvrir la force et la puissance de notre pouvoir personnel en nous permettant de communiquer avec l'enfant que nous étions et que nous avons enfoui dans notre subsconcient. C'est l'Ange qui favorise la fertilité, la famille, il veille sur les enfants, nous réconforte et nous encourage à garder l'espoir. Gabriel est le défenseur de l'élément Eau indispensable à la création de la vie et du renouveau.

Nous faisons appel à Gabriel lorsque nous ne savons plus où nous en sommes dans notre vie, lorsque nous avons le sentiment que la situation nous échappe, que nous perdons le contrôle.

Sa couleur est le jaune doré, la pierre associée à Gabriel est la citrine.

HANIEL

Haniel nous permet de nous mettre en harmonie avec les éléments, la magie divine et les cycles de la lune. Il nous révèle nos talents cachés afin de les exploiter au mieux, nous incite à l'introspection et à analyser clairement nos points forts, nos qualités, nos défauts et nos faiblesses.

Nous faisons appel à Haniel lorsque nous voulons faire de nouvelles rencontres, amicales ou amoureuses, et pour trouver l'équilibre dans tous les domaines de notre vie.

Sa couleur est blanc azur, la pierre associée à Haniel est la pierre de lune.

JÉRÉMIEL

Jérémiel nous aide à accepter notre destin et la fatalité des choses. Il nous montre que tout arrive pour une raison et que nous pouvons modifier notre destinée en faisant le bilan de nos actes et en prenant les décisions et ajustements nécessaires. Jérémiel nous apprend à pardonner nos erreurs et celles des autres pour aller de l'avant.

Nous faisons appel à Jérémiel pour faire un examen de notre vie et aborder nos problèmes avec clarté et compréhension.

Sa couleur est le violet, la pierre associée à Jérémiel est l'améthyste.

JOPHIEL

Jophiel nous permet d'évacuer les pensées négatives et les mauvaises énergies en nous encourageant à vivre en harmonie avec la nature et à en apprécier ses bienfaits afin de ressentir la paix intérieure qui calme nos colères.

Jophiel est le protecteur des artistes, il insuffle de belles pensées et la faculté de voir le côté positif des choses pour attirer plus de beauté dans nos vies.
Nous faisons appel à Jophiel lorsque nous voyons tout en noir, quand nous avons le sentiment d'être dans une impasse, de devoir affronter trop de difficultés ou si nous avons besoin d'aide pour ressentir des pensées positives permettant de retrouver la joie de vivre.
Sa couleur est le rose rouge, la pierre associée à Jophiel est la tourmaline rose rouge.

MÉTATRON

Métatron est l'ange de la géométrie sacrée, de la perfection, il est le plus élevé, le plus estimé dans les armées célestes, il représente le jugement, la grâce et le pardon. Métatron est le souverain du monde et le guide protecteur des enfants.
Nous faisons appel à Métatron lorsque nous devons aborder une situation nouvelle, un changement important dans notre vie, faire face à un bouleversement soudain, un abandon et que nous ressentons le besoin de compagnie et de sécurité.
Ses couleurs sont vert, blanc et rouge, la pierre associée à Métatron est la tourmaline melon d'eau.

MICHAËL

L'Archange Michaël est l'Ange de Protection symbole de justice, de force, de paix et de sécurité, de clarté et de progrès dans notre vie.

Michaël protège notre sommeil, il veille sur nos rêves pour apaiser nos peurs et nos craintes, il nous enseigne l'amour et nous dirige sur notre chemin de vie.

Nous faisons appel à Michaël pour nous rassurer lorsque l'environnement dans lequel nous vivons est sur le point de changer radicalement : nouvelle résidence, nouvel emploi, changement dans la dynamique de la famille ou des relations.

Sa couleur est le bleu, la pierre associée à Michaël est la sodalite.

RAGUEL

L'Archange Raguel nous permet de distinguer nos sentiments de ceux des autres, il nous aide à maintenir l'harmonie et l'ordre dans nos relations. Agissant comme médiateur il nous permet de trouver des solutions à nos problèmes.

Son rôle principal est de superviser tous les archanges et les anges pour qu'ils travaillent ensemble de façon harmonieuse et ordonnée.

Nous faisons appel à Raguel pour qu'il nous aide à résoudre nos problèmes de relations avec les autres et pour apaiser les conflits. Il est le médiateur qui peut nous aider à retrouver l'harmonie dans toutes les situations.

Sa couleur est le bleu clair, la pierre associée à Raguel est l'aigue-marine

RAPHAËL

Raphaël est le médecin du ciel, il prodigue ses conseils pour obtenir une vie plus saine et apporte son aide pour soulager et guérir les situations douloureuses, les malheurs, accidents et catastrophes qui bouleversent notre vie. Raphaël est le défenseur de l'élément Air, il est le gardien de l'arbre de vie.

Nous faisons appel à Raphaël pour ses pouvoirs de guérison lorsque nous devons faire face à la maladie, à une situation de souffrance ou à une transition importante dans notre existence.

Sa couleur est le vert profond, les pierres associées à Raphaël sont l'émeraude et la malachite.

RAZIEL

Raziel connaît tous les secrets de l'univers et son fonctionnement. Il nous aide à acquérir une compréhension spirituelle plus profonde et nous indique comment l'appliquer de façon pratique.

Il nous fait voyager dans nos rêves pour y découvrir la vérité et la sagesse afin qu'elles demeurent en nous à notre réveil et nous permettent d'augmenter nos capacités sensorielles. Raziel est le patron de la sagesse secrète, de la connaissance et le gardien de la pensé pure.

Nous invoquons Raziel pour qu'il nous aide à développer notre imagination, à obtenir des idées nouvelles dans le but d'améliorer notre vie spirituelle et matérielle.

Ses couleurs sont toutes celles de l'arc-en-ciel, la pierre associée à Raziel est le cristal de roche.

SANDALPHON

Sandalphon est l'Archange des plaisirs et de la musique, il nous montre comment communiquer, exprimer franchement nos pensées, dire la vérité, prendre le temps de profiter des plaisirs de la vie et vivre en intégrité avec notre spiritualité.

Nous faisons appel à Sandalphon lorsque nous avons besoin d'harmonie dans notre vie, lorsqu'il nous faut trouver un terrain d'entente entre obligations et plaisirs, lorsque les tâches quotidiennes nous dépassent et que nous ne parvenons plus à trouver un moment de repos aussi bien physique qu'intellectuel.

Sa couleur est le bleu turquoise, la pierre associée à Sandalphon est la turquoise.

URIEL

Uriel symbolise le feu et la lumière, il donne des avertissements et des informations prophétiques. Uriel est l'Archange qui nous aide dans les cas graves, il est le défenseur de l'élément Terre, l'Ange de la Nature.

Nous faisons appel à Uriel pour communiquer avec l'au-delà, développer nos pouvoirs psychiques et télépathiques, obtenir le don de clairvoyance.

Sa couleur est orange, la pierre associée à Uriel est l'ambre

ZADKIEL

Zadkiel est l'Archange de la compassion, il nous aide à ne pas garder de rancune, à ne pas porter de jugements et à nous libérer de notre trop plein d'émotion.

Nous faisons appel à Zadkiel pour qu'il nous apprenne à être indulgent envers ceux qui nous ont fait du mal et nous enseigne à demander pardon pour celui que nous avons fait aux autres afin de pouvoir libérer notre esprit de la souffrance qu'il ressent.

Sa couleur est le bleu profond, la pierre associée à Zadkiel est le lapis-lazuli.

LES ANGES, LES JOURS, LES SEPT PLANÈTES

Les sept planètes principales dont nous subissons les influences sont :

Le Soleil, symbole de lumière et d'intuition
La Lune, symbole d'enthousiasme et de troubles
Mercure, symbole d'énergie et d'intelligence
Jupiter gouverne le droit
Mars gouverne l'exagération du droit
Vénus gouverne le devoir
Saturne gouverne le manquement au devoir

Chaque jour de la semaine correspond à une influence planétaire, à un Archange ainsi qu'à des pierres d'une couleur spécifique associée à ce jour :
Lune : lundi - Gabriel - Pierres blanches
Mars : mardi - Chamuel - Pierres rouges
Mercure : mercredi - Raphaël - Pierres oranges et jaunes
Jupiter : jeudi - Zadkiel - Pierres bleues et violettes
Vénus : vendredi - Anaël - Pierres vertes et roses
Saturne : samedi - Cassiel - Pierres noires et bleu foncé
Soleil : dimanche - Michaël - Pierres jaunes et or

Principales influences planétaires sur les rêves :

Volonté et pouvoir :
Mars, Soleil, Saturne

Amour, amitié, relations, sagesse
Mercure, Vénus, Jupiter

Intelligence, raisonnement, compréhension :
Lune , Vénus, Saturne

Harmonie, bonheur, entente, associations, règlement de conflits :
Vénus, Mars, Jupiter

Sciences, connaissances, savoir, culture, études, finances :
Soleil, Jupiter, Mercure

Idéalisme, bonté, courage :
Mercure, Jupiter, Soleil

Lundi : Planète Lune

Archange : Gabriel
Pierres : couleur blanche
Influence de la planète :
fécondité

Le Lundi on invoque Gabriel en méditant avec des pierres blanches lorsque l'on a besoin de directives et de conseils pour prendre une décision ou faire des choix. Son aide peut être particulièrement utile si l'on envisag un déménagement, un achat important ou un changement de vie professionnelle.

Gabriel est synonyme de sensibilité et d'accomplissement. Il règne sur les sentiments, la mort et l'intuition. Gabriel aide les personnes désireuses de fonder une famille, à concevoir ou à adopter un enfant.

La Lune est le symbole de la nuit, des problèmes, des mirages et des illusions, des erreurs et des caprices.
Cette planète règne sur les souffrances, les rêves, les pertes financières, le commerce, elle développe l'imagination et la sensibilité et influence positivement les artistes et créateurs.

Mardi : Planète Mars

Archange : Chamuel
Pierres : couleur rouge
Influence de la planète :
pouvoir, énergie

Le Mardi on invoque Chamuel en méditant avec des pierres rouges pour qu'il nous aide à renouveler, améliorer les relations existantes et trouver l'âme soeur. Il renforce les liens entre parents et enfants, nous fait ressentir de l'amour si notre cœur est plein d'émotions négatives et nous console si l'on a perdu une personne proche par le biais de mort ou de la séparation.

Chamuel nous apporte son réconfort si l'on souffre de dépression et de désespoir.

Chamuel nous aide à trouver le courage et la force dont nous avons besoin pour faire face à des obstacles, à des ennemis, à des conflits.

La planète Mars règne sur la guerre, l'emprisonnement au propre comme au figuré, le mariage et la haine, les catastrophes naturelles et sociales. Cet astre inspire la violence et les excès, l'orgueil et les abus de force physique. Son influence est en général hostile et négative.

Mercredi : Planète Mercure

**Archange : Raphaël
Pierres : couleur orange et jaune
Influence de la planète : voyage**

Le Mercredi on invoque Raphaël en méditant avec des pierres oranges et jaunes pour qu'il protège tout ce qui est en relation avec un déplacement, déménagement, voyage ou mouvements importants.

Raphaël permet de guérir tous les types de souffrance. Il conseille dans les problèmes de mariage, d'addictions, soulage le chagrin dû au deuil et à la perte d'êtres aimés, il soigne et apaise la douleur physique, émotionnelle et mentale ainsi que les blessures des vies passées, il apporte de l'unité dans notre vie lorsque l'on se sent déconnecté de notre spiritualité, il nous guide si l'on a perdu un partenaire ou si l'on ne se sent pas en accord avec notre corps ou notre esprit.

Mercure correspond à l'activité cérébrale, cette planète règne sur l'éloquence et la faculté de persuasion, le libre arbitre et l'intelligence, les maladies, les pertes, les dettes, le commerce et la peur.

Jeudi : Planète Jupiter

Archange : Zadkiel
Pierres : couleur bleu et violet
Influence de la planète :
finances, justice

Le Jeudi on invoque Zadkiel en méditant avec des pierres bleues et violettes pour qu'il nous aide à résister aux événements violents et inattendus, aux émotions puissantes qui menacent de détruire notre moral et notre confiance et à trouver en nous la force du pardon, de la diplomatie et de la tolérance.

Zadkiel est l'Archange de la diplomatie, de la justice et de la générosité qui nous apprend à respecter nos relations et nos amis. Il nous montre qu'une perte à court terme peut être utile pour un gain à long terme.

Jupiter est une planète très favorable, son action s'exerce dans le sens de la justice et influence le bonheur, l'harmonie, les discussions concrètes et la paix.

Cet astre symbolise les biens matériels, l'effort, le travail, l'étude, le mérite personnel et l'autorité. Il règne sur l'honneur, les souhaits, la richesse et la pureté du corps et de l'esprit.

Vendredi : Planète Vénus

Archange : Anaël

Pierres : couleur vert et rose

Influence de la planète : amour, musique, plaisirs

Le Vendredi on invoque Anaël en méditant avec des pierres vertes et roses pour qu'il nous aide à développer notre intuition en particulier lorsque l'on a subit des déceptions sentimentales et des tromperies.

Anaël nous apporte l'harmonie et l'équilibre, une certaine liberté émotionnelle, la certitude et la force intérieure qui nous permettent de surmonter nos craintes et de retrouver l'espérance.

Vénus symbolise l'amour et l'amitié, la sympathie et l'attachement, la confiance et la fidélité, la foi et la soumission, l'obéissance et le devoir, le dévouement et la charité.

Vénus est la planète de la douceur et de la tendresse qui incite à la bienveillance et à la générosité, elle favorise le charme, l'élégance et l'attirance, c'est l'astre qui représente le mieux la Nature.

Samedi : Planète Saturne

Archange : Cassiel

Pierres : couleur noir et bleu foncé

Influence de la planète : affaires, propriétés et biens

Le Samedi on invoque Cassiel en méditant avec des pierres noires et bleu foncé pour qu'il nous aide à être réaliste et établir des objectifs précis, à venir à bout de toute tâche ardue, à supporter les périodes difficiles et à dépasser nos limites.

Cassiel est responsable du vieillissement et de la durée des choses. De manière générale il contrôle et dirige tout ce qui concerne les personnes âgées, les héritages, les dettes, l'immobilier, les acquisitions.

Saturne est synonyme de patience, de lenteur et d'hypocrisie. Cet astre est considéré comme une planète triste, austère et froide exerçant une grand influence sur la destruction et la maladie,

Saturne gouverne la vie, les changements, les sciences, les tentations négatives et les grands bouleversements.

Dimanche : Planète Soleil

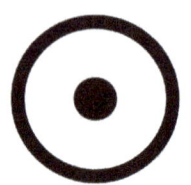

Archange Michaël
Pierres : couleur jaune et or
Influence de la planète :
affaires importantes

Le Dimanche on invoque Michaël en méditant avec des pierres jaune et or lorsque l'on a besoin d'aide pour faire à un travail trop exigeant.

Michaël est responsable de la protection, du courage, de la force, de la vérité et de l'intégrité. Il nous protège physiquement, émotionnellement et psychiquement contre la peur et les angoisses et nous soutient sur le chemin de la vérité sans compromettre notre intégrité.

Le Soleil gouverne l'ordre moral, la conscience et l'intelligence. Son influence peut être heureuse ou préjudiciable et déclencher de grands progrès sociaux ou de dangereuses réactions, de belles actions ou des guerres injustes, des victoires ou des défaites, la puissance ou à la ruine.

Le Soleil est la planète qui règne sur l'espérance, le bonheur, les gains, les héritages.

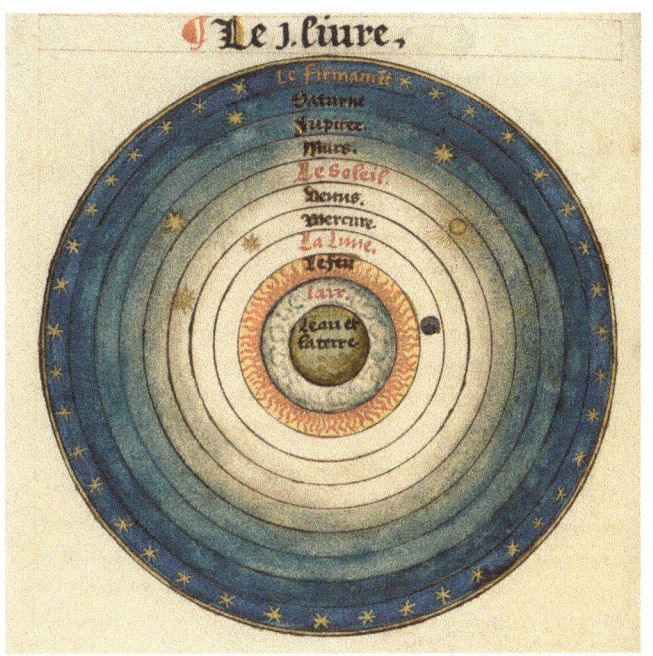

INFLUENCE DES MOIS SUR LES RÊVES

Chaque mois de l'année est associé à un ange ainsi qu'à deux pierres bénéfiques. La première est consacrée au mois, la seconde à la chance pour le mois concerné.

Il est recommandé d'ajouter ces deux pierres lors de séances de méditation pour en renforcer les effets.

Lorsque nous souhaitons communiquer avec un ange ou interpréter les messages que nous recevons il faut tenir compte de l'influence du mois au cours duquel se produisent nos rêves.

Janvier

Les rêves du mois de Janvier sont placés sous le signe de la réflexion, du bilan du passé et des promesses de l'avenir, de la vérité et de l'amitié.

Ange Gabriel : favorise la joie, la vérité, la justice, l'amour et la sagesse

Pierre du mois : Grenat

Pierre de chance : Onyx

Février

Les rêves du mois de Février sont placés sous le signe de la purification, de la sincérité des sentiments et de la paix de l'esprit.

Ange Barchiel : encourage plus de compassion et de force intérieure.

Pierre du mois : Améthyste
Pierre de chance : Jaspe

Mars

Les rêves du mois de Mars sont placés sous le signe de la méfiance, des querelles et des disputes, du manque de discernement.

Ange Malchediel : envoie aux hommes des pensées de pureté et de vérité

Pierre du mois : Jaspe sanguin
Pierre de chance : Rubis

Avril

Les rêves du mois d'Avril sont placés sous le signe du repentir, des regrets et de la fidélité

Ange Asmodel : guide nos instincts, nous procure de la volonté, de la force, de l'énergie et de la combativité

Pierre du mois : Diamant
Pierre de chance : Topaze

Mai

Les rêves du mois de Mai sont placés sous le signe de l'amour, du renouveau et du bonheur.

Ange Ambriel : guide l'humanité vers une prise de conscience de la vérité intérieure.

Pierre du mois : Emeraude
Pierre de chance : Grenat rouge

Juin

Les rêves du mois de Juin sont placés sous le signe de la santé, de la naissance, des enfants.

Ange Muriel : favorise la connaissance de soi et la capacité à entrer en contact avec nos sentiments les plus profonds.

Pierre du mois : Agate
Pierre de chance : Emeraude

Juillet

Les rêves du mois de Juillet sont placés sous le signe de la tranquillité, de la paix de l'esprit, de la sagesse, de l'amour et de l'amitié.

Ange Verchiel : protège les sentiments, renforce le pouvoir et l'autorité, stimule les facultés intellectuelles, favorise la communication, incite à la générosité.

Pierre du mois: Turquoise
Pierre de chance : Saphir

Août

Les rêves du mois d'Août sont placés sous le signe du bonheur conjugual et de la confiance en l'avenir

Ange Hamaliel : augmente notre capacité de penser de manière logique et ordonnée, développe notre bon sens et nos facultés d'analyse.

Pierre du mois : Cornaline
Pierre de chance : Diamant

Septembre

Les rêves du mois de Septembre sont placés sous le signe de la désillusion, des modifications et des transformations.
Ange Uriel : nous encourage à vivre en harmonie et à prendre le temps d'apprécier la beauté de la nature.
Pierre du mois : Péridot
Pierre de chance : Zircon

Octobre

Les rêves du mois d'Octobre sont placés sous le signe de l'espoir, de la réussite et des émotions.
Ange Barbiel : guide protecteur favorisant le changement et l'évolution.
Pierre du mois : Béryl
Pierre de chance : Agate

Novembre

Les rêves du mois de Novembre sont placés sous le signe des relations sincères en amitié et en amour, du sacrifice et de l'abandon.

Ange Adnachiel : favorise l'indépendance et l'honnêteté.

Pierre du mois : Topaze
Pierre de chance : Améthyste

Décembre

Les rêves du mois de Décembre sont placés sous le signe du succès, de la réussite, de l'amour et de la confiance.

Ange Humiel : encourage la persistance, le sens pratique, les récompenses et la dignité.

Pierre du mois : Rubis
Pierre de chance : Béryl

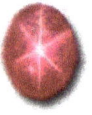

Les signes du zodiaque et les anges

Chaque signe astrologique est gouverné par six anges qui influencent le domaine des rêves en fonction de votre période de naissance.

Capricorne

22-26 Décembre : MEBAHIAH, appartient au chœur des Principautés, il favorise les qualités intellectuelles, la création de projets et protège le domaine des enfants.
Pierre de méditation : calcite orange
27-31 Décembre : POYEL, appartient au chœur des Principautés, il règne sur la fortune et la philosophie, développe la séduction et l'amour.
Pierre de méditation : amétrine
1-5 Janvier : NEMAMIAH, appartient au chœur des Archanges, il aide ceux qui travaillent pour une cause juste et soulage les personnes souffrant de dépendances.
Pierre de méditation : sugilite
6-10 Janvier : YEIAYEL, appartient au chœur des Trônes, il domine la richesse, la diplomatie, le commerce, influence les découvertes et protège les voyages.
Pierre de méditation : azurite

11-15 Janvier : Harael, appartient au chœur des Archanges, il ouvre notre esprit et notre cœur à de nouvelles idées.

Pierre de méditation : zircon

16-20 Janvier : Mitzrael, appartient au chœur des Archanges, il intervient sur la guérison des peines sentimentales, incite à la fidélité et à l'obéissance.

Pierre de méditation : vésuvianite

Verseau

21-25 Janvier : Umabel, appartient au chœur des Archanges, il gouverne la connaissance de soi, la prise de conscience et l'introspection.

Pierre de méditation : topaze

26-30 Janvier : Iah-Hel, appartient au chœur des Archanges, il encourage les plans et les projets.

Pierre de méditation : péridot

31 Janvier - 4 Février : Anauel, appartient au chœur des Archanges, il nous aide à trouver la vraie spiritualité et à acquérir la sagesse, il nous protége contre les accidents, favorise les gains et l'amélioration financière.

Pierre de méditation : serpentine

5-9 Février : Mehiel, appartient au chœur des Archanges, il avantage le développement de l'imagination et l'expression d'idées créatrices.

Pierre de méditation : cordiérite

10-14 Février : MANAKEL, appartient au chœur des Anges, il soutient la stabilité et l'inspiration.
Pierre de méditation : topaze bleue
15-19 Février : DAMABIAH, appartient au chœur des Anges, il neutralise les envoûtements, protège contre les sorts, les malédictions et la médisance.
Pierre de méditation : actinolite

Poissons

20-24 Février : EYAEL, appartient au chœur des Anges, il nous permet de retrouver l'espoir.
Pierre de méditation : rutile
25-28/29 Février : HABUHIAH, appartient au chœur des Anges, il procure les récompenses et facilite l'aboutissement des efforts.

Pierre de méditation : angélite
1-5 Mars : ROCHEL, appartient au chœur des Anges, il protège l'union et l'équilibre.
Pierre de méditation : diamant de Herkimer
6-10 Mars : JABAMIAH, appartient au chœur des Anges, il veille sur la résurrection et accompagne les défunts.
Pierre de méditation : aigue-marine
11-15 Mars : HAIAIEL, appartient au chœur des Anges, il favorise la clarté, le jugement entre le Bien et le Mal, la lutte pour l'égalité et l'union de tous les hommes.
Pierre de méditation : diamant

16-20 Mars : MUMIAH, appartient au chœur des Anges, il patronne l'expression, la réussite et nous protège contre les forces inconnues.
Pierre de méditation : turquoise

Bélier

21-25 Mars : VEHUIAH, appartient au chœur des Séraphins, il augmente l'envie créatrice et la motivation d'entreprendre et de créer.
Pierre de méditation : cornaline
26-30 Mars : JELIEL, appartient au chœur des Séraphins, il veille sur la tranquillité et le bonheur, encourage les rencontres et les unions.

Pierre de méditation : kunzite
31 Mars - 4 Avril : SITAEL, appartient au chœur des Séraphins, il favorise la réalisation concrète des choses, le progrès, les faveurs, la réussite dans les affaires et procès.
Pierre de méditation : saphir
5-9 Avril : ELEMIAH, appartient au chœur des Séraphins, il restaure le fonctionnement des choses et nous aide à réorienter notre vie dans la bonne direction.
Pierre de méditation : citrine
10-14 Avril : MAHASIAH, appartient au chœur des Séraphins, il nous donne la possibilité de comprendre nos erreurs et de pardonner à nos ennemis, il est le garant de la force morale et de la générosité.

Pierre de méditation : jade
15-20 Avril : Lelahel, appartient au chœur des Séraphins, il entretient la beauté physique, développe l'intuition, la clairvoyance et la lucidité.
Pierre de méditation : pierre de lune

Taureau

21-25 Avril : Achaiah, appartient au chœur des Séraphins, il encourage la patience, le calme et persévérance, il nous apprend à réfléchir avant de prendre de grandes décisions.
Pierre de méditation : rubis
26-30 Avril : Cahetel, appartient au chœur des Séraphins, il favorise la famille, la fertilité et les initiatives personnelles.

Pierre de méditation : aragonite
1-5 Mai : Haziel, appartient au chœur des Chérubins, il dissipe les angoisses, favorise la chance, apaise les conflits et amplifie l'amour et l'amitié.

Pierre de méditation : cyanite
6-10 Mai : Aladiah, appartient au chœur des Chérubins, il apporte l'amour de soi, le respect de la vie et permet de se libérer du poids du passé.

Pierre de méditation : opale
11-15 Mai : Lauviah, appartient au chœur des Chérubins, iI procure de l'endurance face aux épreuves, facilite le savoir et les qualités de persuasion. Cet ange porte le même nom que son frère Lauviah Ange du chœur des Trônes dominant la période du 11 au 15 Juin.
Pierre de méditation : iolite

16-20 Mai : HAHAIAH, appartient au chœur des Chérubins, il protège, veille sur la sécurité, nous aide à solutionner les situations violentes et à affronter nos peurs et nos angoisses.

Pierre de méditation : ambre

Gémeaux

21-25 Mai : YEZALEL, appartient au chœur des Chérubins, il conforte l'harmonie parfaite des couples, développe la passion et l'amour.

Pierre de méditation : chrysoprase

26-31 Mai : MEBAHEL, appartient au chœur des Chérubins, il apporte le goût de la vérité, de la liberté et de la justice.

Pierre de méditation : lapis-lazuli

1-5 Juin : HARIEL, appartient au chœur des Chérubins, il permet d'avoir une vision claire et belle de la vie et de tout ce qui nous entoure.

Pierre de méditation : fluorite mauve

6-10 Juin : HEKAMIAH, appartient au chœur des Chérubins, il incite à la franchise et au courage, stimule la richesse et la renommée

Pierre de méditation : andalousite

11-15 Juin : Lauviah, appartient au chœur des Trônes, il favorise la joie et la connaissance, apaise la peur de la mort et favorise le sommeil.

Cet ange porte le même nom que son frère Lauviah, ange du chœur des Chérubins dominant la période du 11 au 15 Mai.

Pierre de méditation : anatase

16-21 Juin : Caliel, appartient au chœur des Trônes, il rétablit la justice et la vérité.

Pierre de méditation : amazonite

Cancer

22-26 Juin : Leuviah, appartient au chœur des Trônes, il contrôle le bon fonctionnement de la mémoire, encourage à la prudence et facilite la réussite professionnelle et financière.

Pierre de méditation : andalousite

27 Juin - 1er Juillet : Pahaliah, appartient au chœur des Trônes, il veille sur l'établissement de la vérité, de l'ordre et de la justice. Il nous indique la bonne voie et nous guide sur notre chemin spirituel.

Pierre de méditation : pyromorphite

2-6 Juillet : Nelchael, appartient au chœur des Trônes, il possède le pouvoir d'exorciser le mal et de protèger contre les calomnies, les pièges et les sortilèges.

Pierre de méditation : chrysoberyl

7-11 Juillet : Yeiayel, appartient au chœur des Trônes, il favorise l'enrichissement en développant d'excellentes intuitions dans les domaines professionnel et financier.
Pierre de méditation : œil de tigre
12-16 Juillet : Melahel, appartient au chœur des Trônes, il domine les capacités de guérison et nous initie aux secrets de la nature.
Pierre de méditation : calcédoine
17-22 Juillet : Haheuiah, appartient au chœur des Trônes, il préserve la vie sous toutes ses formes et nous avertit en cas de danger.
Pierre de méditation : pyrite

Lion

23-27 Juillet : Nith-Haiah, appartient au chœur des Dominations, il développe la force morale et l'ambition, domine les forces spirituelles, favorise l'amour et la paix.
Pierre de méditation : quartz rose
28 Juillet - 1er Août : Haaiah, appartient au chœur des Dominations, il encourage le sens de l'organisation, l'amour familial et l'apaisement des tensions.
Pierre de méditation : magnétite
2-6 Août : Yeratel, appartient au chœur des Dominations, il aide l'homme à agir avec foi et confiance, favorise et prédispose aux sciences et aux arts.
Pierre de méditation : onyx

7-12 Août : Seheiah, appartient au chœur des Dominations, il nous évite les dangers et les accidents, repousse les émotions et les énergies négatives.

Pierre de méditation : jaspe rouge

13-17 Août : Reiyel, appartient au chœur des Dominations, il éveille le goût de la recherche et la communication spirituelle, le contact avec les esprits et les défunts ainsi que le don de clairvoyance.

Pierre de méditation : spinelle

18-22 Août : Omael, appartient au chœur des Dominations, il protège et favorise la fécondité, la fertilité, la naissance et les récoltes.

Pierre de méditation : rhodochrosite

Vierge

23-28 Août : Lecabel, appartient au chœur des Dominations, il développe le talent, les connaissances, la curiosité, la réussite et le succès.

Pierre de méditation : opale blanche

29 Août - 2 Septembre : Vasariah, appartient au chœur des Dominations, il nous prémunit contre toutes sortes d'attaques physiques ou mentales et encourage la clémence et le pardon.

Pierre de méditation : morganite

3-7 Septembre : Yehuiah, appartient au chœur des Puissances, il nous transmet la puissance, la force et l'énergie permettant de venir à bout des tâches les plus pénibles.

Pierre de méditation : topaze impériale

8-12 Septembre : L᠎EHAHIAH, appartient au chœur des Puissances, il gouverne l'obéissance, l'humilité, enseigne le respect et la sagesse.

Pierre de méditation : cristal de roche

13-17 Septembre : CHAVAKIAH, appartient au chœur des Puissances, il conforte l'entente, l'amitié, la réconciliation et les accords.

Pierre de méditation : quartz fumé

18-23 Septembre : MENADEL, appartient au chœur des Puissances, il soutient tout ce qui est lié au travail, à l'emploi, à la vie professionnelle.

Pierre de méditation : grenat jaune

Balance

24-28 Septembre : ANIEL, appartient au chœur des Puissances, il encourage l'espoir, la volonté, l'indépendance physique et spirituelle.

Pierre de méditation : hiddénite

29 Septembre - 3 Octobre : HAAMIAH, appartient au chœur des Puissances, il développe la pureté, la cohérence des sentiments, l'amour, la beauté et nous protège contre toute agressivité.

Pierre de méditation : rhodonite

4-8 Octobre :

REHAEL, appartient au chœur des Puissances, il participe à la guérison des maladies du corps et de l'âme, encourage l'amour et le respect réciproque entre parents et enfants.

Pierre de méditation : tourmaline rose

9-13 Octobre : Ieiazel, appartient au chœur des Puissances, il apporte consolation et réconfort et nous aide à nous libérer de nos démons intérieurs.
Pierre de méditation : obsidienne noire
14-18 Octobre : Hahahel, appartient au chœur des Vertus, il gouverne l'amour universel, la droiture et l'honnêteté.
Pierre de méditation : émeraude
19-23 Octobre : Mikhael, appartient au chœur des Vertus, il soutient le respect de la parole donnée, les promesses, l'engagement et la fidélité.
Pierre de méditation : tanzanite

Scorpion
24-28 Octobre : Veuliah, appartient au chœur des Vertus, il avantage la prospérité et l'abondance, les gains et les bénéfices.
Pierre de méditation : cinabre

29 Octobre - 2 Novembre : Yelahiah, appartient au chœur des Vertus, il encourage l'ordre, le courage et facilite la victoire et la réussite.
Pierre de méditation : vanadinite
3-7 Novembre : Sealiah, appartient au chœur des Vertus, il oriente la volonté, le pouvoir de domination et de concentration.
Pierre de méditation : tourmaline bleue

8-12 Novembre : ARIEL, appartient au chœur des Vertus, il règne sur l'argent, les finances, les gains et favorise la richesse

Pierre de méditation : pyrite

13-17 Novembre : ASALIAH, appartient au chœur des Vertus, il favorise les travaux intellectuels et nous donne le sens de l'intuition et des révélations.

Pierre de méditation : azurite-malachite

18-22 Novembre : MIHAEL, appartient au chœur des Vertus, il protège la famille, le couple, le mariage, la fécondité et l'harmonie amoureuse.

Pierre de méditation : quartz rose

Sagittaire

23-27 Novembre : VEHUEL, appartient au chœur des Principautés, il encourage les plaisirs, l'enthousiasme, la générosité et l'altruisme.

Pierre de méditation : calcite bleue

28 Novembre - 2 Décembre : DANIEL, appartient au chœur des Principautés, il commande la parole et l'éloquence, favorise la communication orale, la subtilité et la diplomatie.

Pierre de méditation : moldavite

3-7 Décembre : HAHASIAH, appartient au chœur des Principautés, il guide vers la guérison, les remèdes physiques et moraux, il intensifie les pouvoirs occultes.

Pierre de méditation : lapis-lazuli

8-12 Décembre : IMAMIAH, appartient au chœur des Principautés, il permet d'expier et de réparer ses erreurs, de faire la paix avec ses ennemis, de se débarrasser des passions négatives et des obsessions.

Pierre de méditation : obsidienne flocon de neige

13-16 Décembre : NANAEL, appartient au chœur des Principautés, il gouverne l'amour des autres, le plaisir de rendre service, la bonté et la générosité, le goût des choses justes.

Pierre de méditation : cristal de roche

17-21 Décembre : NITHAEL, appartient au chœur des Principautés, il gouverne sur la séduction, la douceur, la loyauté, la jeunesse et le talent.

Pierre de méditation : améthyste

Œil de tigre, pierre de méditation associée à l'Archange YEIAYEL

Les messages des anges

Les messages qu'un ange transmet au travers des rêves peuvent générer des émotions positives diverses telles que le bonheur, la paix, l'amour mais aussi des émotions négatives comme le désespoir, la tristesse ou la colère.

Joie
Notre ange gardien nous envoie un message de félicitation, il se réjouit pour nous lorsqu'un heureux événement arrive dans notre vie.

Paix
Notre ange gardien nous envoie un message rassurant conseillant de ne pas nous inquiéter face à des situations qui nous préoccupent, des procès, des litiges, il nous fait sentir sa protection face à des évènements stressants.

Consolation
Notre ange gardien partage les peines que nous pouvons ressentir lorsque nous traversons des périodes douloureuses, déchirantes ou cruelles. Il nous contacte pour que nous sachions qu'il nous soutient, qu'il comprend notre douleur et notre souffrance et qu'il nous apporte son secours et son amitié.

Colère

Notre ange gardien souhaite attirer notre attention sur une injustice ou une inégalité, il veut que le rêve nous irrite, nous mette en colère afin de nous pousser à réagir de manière positive et constructive.

Un ange n'enverra jamais de message visant à déclencher une colère destructrice ou nous incitant à faire le mal.

Inspiration

Notre ange gardien nous envoie des rêves créateurs, des idées ayant pour but de nous aider à réaliser nos projets et solutionner nos problèmes d'une manière que nous n'avions pas envisagé.

Guérison

Certaines douleurs du passé enfouies dans notre inconscient sont la cause de nos souffrances actuelles, l'ange envoie un message nous incitant à soigner ces blessures antérieures qui influencent notre comportement de manière négative.

Les anges et nos pierres de rêve

Prophéties
Notre ange gardien nous transmet des messages concernant notre futur pour nous informer que les choix que nous faisons sont les bons ou qu'ils vont, au contraire, nous conduire à un échec.

Avertissement
Notre ange gardien nous prévient d'un danger possible afin que nous puissions l'éviter, cela peut concerner, par exemple, une décision que nous souhaitons prendre, une relation qui n'est pas bonne pour nous, une personne qu'il faut éviter.

Encouragements
Notre ange gardien nous envoie des rêves nous incitant à prendre les risques nécessaires pour atteindre nos buts, à avoir davantage de confiance en nous. Il nous indique que nous allons dans la bonne direction.

Les rêves de pierres

Rêver de bijoux sertis de pierres a une signification particulière en fonction du bijou mais l'on doit aussi tenir compte de la pierre et de sa couleur pour obtenir une interprétation plus précise.

Bijoux en argent : signe d'accroissement des connaissances, d'études et de découvertes.
Bijoux en or : risque d'injustice, de trahison, de déception mais aussi d'héritage ou de mariage.
Bijoux en fer : signe de prudence et de prévoyance mais aussi de prospérité après des pertes, de réussite après des échecs.
Bijoux quelconques : avertissement de veiller à ses intérêts.
Rêver de trouver ou recevoir un bijou : il faut se méfier des faux amis ou de personnes hypocrites dans vos relations.
Perdre un bijou : risque de se mettre dans une situation honteuse, peu glorieuse ou déshonorante.
Voir des bijoux sertis de pierres ternes : signe de malentendus, colère, dispute, conflits violents.

Sortir des bijoux d'un coffre ou d'une boîte: on obtiendra une réponse favorable à une demande mais cela peut aussi indiquer un mariage proche.
Rêver de voir des bijoux dans une boite, un meuble, un tiroir : nouvelle qui vous arrivera sous peu de jours.

Rêver de bague

La bague symbolise la famille et la maison. Elle est aussi signe de commandement, d'ordre et d'acquisition de biens.

Rêver de trouver ou recevoir une bague : signe favorable annonciateur d'une rencontre amoureuse, d'héritage mais risque de trahison si la bague est à l'envers et qu'on ne voit que l'anneau.
Rêver de donner ou perdre une bague : indique qu'il faut faire confiance aux conseils de ceux qui vous aiment, risque de séparation dans un couple.

Rêver de collier

Le collier symbolise la communication, les finances, le travail.
Rêver de trouver ou recevoir un collier : signe d'amélioration dans la vie professionnelle, dans les entreprises et dans les affaires.
Rêver de donner ou perdre un collier : médisance et rumeurs, propos hypocrites.

Rêver de bracelet

Le bracelet symbolise la chance, la passion.

Rêver de trouver ou recevoir un bracelet : vie amoureuse agitée mais heureuse.
Rêver de donner ou perdre un bracelet : peur de s'attacher à quelqu'un.

Influence des couleurs des pierres

**Les couleurs stimulent nos émotions et nos sentiments lorsque nous sommes éveillés, elles continuent d'agir lorsque nous dormons.
Bien souvent, lorsque nous nous rappellons de nos rêves une ou plusieurs couleurs prédominent intimement liées aux sensations que nous avons ressenties.**

DANS LE RÊVE la couleur agit en tant que vibration de la pierre sans aucune obligation de correspondre à la réalité, c'est à dire qu'on peut très bien voir en songe une améthyste verte car durant le sommeil le cerveau ne fonctionne pas de la même façon que durant l'état de veille, il n'est pas conditionné par une association de couleur à un objet particulier.

Selon que le ton est plus ou moins foncé ou clair, une même couleur possède un symbolisme différent.

En général, toutes les nuances foncées expriment des choses désagréables alors que les couleurs claires ont une signification joyeuse.

Une **couleur violente** exprime des passions excessives, une couleur mélangée à du noir a une signification contraire à celle qui lui est attribuée si elle est seule.

Par exemple, le rouge vif symbolise l'amour ardent, le rouge et le noir, la haine.

Le violet, dans ses **nuances chaudes**, symbolise la puissance, dans ses **nuances sombres**, la tristesse, dans ses **nuances claires**, la douceur, la modération et la sagesse.

Si l'on voit une pierre violette l'interprétation varie suivant la valeur du ton :
sombre et terne : c'est un chagrin, une déception pour nous ou nos proches,
chaud et velouté : c'est un avancement de situation, une ascension dans l'autorité,
clair : c'est une affaire embrouillée, une situation embarrassante dont nous nous tirerons avec habileté, prudence et délicatesse.

Quelle que soit la nature de l'image du rêve, son espèce et sa forme, la couleur vient en modifier le sens figuratif, en bien ou en mal.

Le **noir mêlé au violet** (symbole de puissance et d'autorité) y ajoute une menace de complot, de trahison, un sentiment d'aversion et d'hostilité.

Le **rouge foncé** est symbolique de passions violentes, d'amour excessif, le rouge vif est l'amour fou prêt à briser tous les obstacles, du rouge clair au rose pâle, c'est toute la gamme de la tendresse et des sentiments d'amitié.

L'**orangé** est composé de rouge et de jaune, son symbolisme est la réunion de ses deux composants, il représente l'amour heureux entouré de luxe, ou tout au moins d'aisance, car le jaune est le signe de la richesse et de la bonne humeur.

Toute pierre de couleur orangée a donc une signification bénéfique.

Le **jaune foncé** contient du noir et du vert, et ce jaune devient figuratif de richesses mal acquises ou engendrant de la jalousie, des revendications malveillantes.

Le **jaune clair** symbolise la vie paisible, un emploi bien organisé apportant un revenu assurant la tranquillité matérielle pour soi et les siens.

Le **vert foncé**, dans lequel entre du noir, est symbole d'espérance déçue, de jalousie, de méchanceté.

Le **vert clair** signifie l'espérance, la gaieté, les joies de l'esprit et du cœur, une vie heureuse sans grands soucis.

Le **bleu foncé** est significatif d'autorité, le bleu et noir, de despotisme et de tyrannie, le bleu clair de candeur et de fidélité, de tendresse, de loyauté dans tous les sentiments.

Une **pierre bleu** foncé fait prévoir l'obligation d'un sacrifice difficile, de rapports tendus avec des supérieurs.

Une **pierre bleu clair** annonce le bonheur imminent, la franchise et la pureté de l'amitié, une situation calme.

L'**indigo** est bénéfique. il a le même sens que le bleu pris dans ce qu'il a de plus favorable.

Le **marron** est austère et mélancolique, il signifie la tristesse, la vie médiocre, isolée, dépendante. Cette couleur est considérée comme néfaste.

Une **pierre marron** signifie un risque proche de santé ou de perte financière.

Le **noir** est symbole de deuil et de mort mais aussi de renouveau et de recommencement.

Le **blanc** symbolise la joie, le bonheur, c'est un heureux présage.

Les pierres blanches sont des signes d'innocence et d'honnêteté. Lorsqu'une pierre transparente a la forme d'un oeuf, c'est le signe d'une très grande protection, un talisman bénéfique.

Pour correctement interpréter un message lorsqu'il ne s'agit pas de la véritable couleur de la pierre, il faut tenir compte de la signification positive ou négative de la couleur que l'on voit en rêve, de l'ange qui lui est associé et du symbolisme de la pierre elle-même.

Lorsqu'une couleur est un mélange de plusieurs autres il faut tenir compte de toutes les couleurs qui la composent.

Blanc, transparent - pureté
Côté positif : spiritualité, innocence, propreté, fraîcheur, simplicité, vérité.
Côté négatif : rigueur, manque d'imagination, imperfection, médiocrité.

Bleu - communication
Côté positif : sagesse, justice, vérité, compréhension, patience, loyauté et honneur, sincérité.
Côté négatif : rigueur excessive, refus des critiques et des commentaires, mélancolie.

Jaune - guérison

Côté positif : goût de l'aventure et du changement, des voyages, des contacts, de la communication, joie, désir d'apprendre et découvrir, facilité de concentration.
Côté négatif : tendance à l'amertume, difficultés à se fixer émotionnellement, relations superficielles, manque de stabilité.

Marron - stabilité

Côté positif : simplicité, stabilité, loyauté.
Côté négatif : problèmes d'intégration, de communication, nombreuses incertitudes, peu de connection avec ses propres racines.

Noir - mort et renouveau

Le noir est symbole de deuil, de mort, dépression, secrets et mystère, perte de situation, infidélité, maladie mais aussi de renouveau après un bouleversement de situation, d'intensification de la force et de la volonté.
Le noir est la couleur des extrêmes, une couleur à laquelle est mélangé du noir symbolisera son contraire.

Orange - stimulation

Côté positif : charme, gentillesse, optimisme, succès, énergie, réussite matérielle.
Côté négatif : troubles de la sexualité, difficulté à exprimer ses sentiments, matérialisme.

Rose - amour
Côté positif : douceur, tendresse, romance, gentillesse, amour, émotions.
Côté négatif : problèmes émotionnels et relationnels.

Rouge - passion
Côté positif : passion, sexualité, énergie, courage, volonté, force, santé, fertilité.
Côté négatif : hyper activité, impulsivité, narcissisme, peurs cachées, doutes de ses capacités.

Vert - harmonie
Côté positif : harmonie, équilibre, paix, confort, calme, intérêt pour les enfants et les animaux, vie saine.
Côté négatif : tendance à l'égocentrisme, isolement, difficultés relationnelles.

Violet - transformation
Côté positif : dignité, honneur, spiritualité, inspiration, méditation et compassion.
Côté négatif : solitude, ennui, anxiété, tendance à rejeter les autres.

Argent
Côté positif : stabilité et intuition.
Côté négatif : illusions déçues, chagrins, colère.

Bronze et cuivre
Côté positif : amitié, affaires, carrière, réussite.
Côté négatif : mésentente familiale, rivalités, désaccords.

Or
Côté positif : autorité, confiance, créativité, luxe, investissement, nouvelles expériences.
Côté négatif : déception, orgueil et vanité.

INTERPRÉTATION DES LIEUX

SI LA PIERRE se trouve dans une maison le message concerne votre être intérieur et spirituel, votre inconscient, votre état intellectuel ou mental, vos émotions.

Chambre à coucher : certains aspects de votre personnalité que vous souhaitez dissimuler aux autres, vos relations intimes et personnelles, des secrets enfouis.

Salon : l'image que vous souhaitez donner de vous même, vos convictions, le lien entre votre image publique et privée, un espace que vous essayez de préserver.

Cuisine : votre besoin de sécurité, une transformation, un changement de vie, un avertissement concernant la modification de vos projets actuels.

Salle de bain : vos instincts, l'impression que l'on abuse de votre gentillesse, un besoin de faire le ménage dans votre vie aussi bien émotionnelle que psychologique.

Grenier : des évènements passés, des envies refoulées que vous devez libérer, des difficultés qui vous empêchent de réaliser vos souhaits ou projets.

Cave : votre état d'esprit, votre intuition, un sentiment d'inutilité, la confusion, vous ne savez plus ou vous en êtes dans votre vie, les choses que vous mettez volontairement de côté dans votre esprit car vous ne savez par comment les utiliser, les erreurs que vous avez commises.

INTERPRÉTATION DES ACTIONS

Rêver de trouver une pierre indique que vous entrez en contact avec certains aspects de votre inconscient, vous découvrez une partie de vous-même qui était auparavant refoulée. Alternativement, cela représente le changement, le nouvel aspect d'une relation.

Rêver de perdre ou d'enfouir une pierre indique un sentiment de solitude, le rejet, le besoin de compagnie.

Rêver que vous volez une pierre suggère que vous ne pouvez pas faire face aux événements, que vos objectifs actuels sont trop élevés.

Rêver que quelqu'un vous vole une pierre indique que vous êtes touché par une crise d'identité ou souffrez d'une perte dans votre vie. Alternativement, le rêve signifie que quelqu'un a volé votre succès ou s'est attribué le mérite de quelque chose que vous avez fait, vous ressentez un sentiment d'injustice.

Rêver que vous achètez une pierre représente votre acceptation d'une idée, d'une condition ou d'une situation. Alternativement, le rêve signifie qu'il manque quelque chose dans votre vie et que vous devez cherchez ce que c'est pour acquérir une certaine forme de plénitude.

Rêver que vous offrez une pierre représente votre générosité envers les autres. Alternativement, vous pouvez essayer d'exprimer certains sentiments ou avoir quelque chose de difficile à dire et ne savez pas comment y parvenir, vous essayez désespérément de vous faire accepter, vous faites de nombreuses concessions.

Rêver que l'on vous offre une pierre indique que vous recevez une récompense pour votre générosité, que les gens ont de l'estime pour vous, la pierre dont il s'agit apportera des éclaircissements sur le message.

Rêver de voir de nombreuses pierres signifique que vos talents ou qualités sont mal utilisés, que vous devez concentrer vos forces et votre énergie au lieu de les disperser.

Rêver de brûler une pierre indique que vous éprouvez des émotions violentes ou une passion pour quelqu'un, qu'il y a une situation que vous ne pouvez pas continuer à éviter. Alternativement cela peut suggérer qu'il faut prendre soin de vous et apprendre à vous détendre.

Rêver de jeter ou lancer une pierre indique qu'il y a une personne encombrante dans votre vie dont vous devez vous éloigner.

Rêver qu'on vous jette une pierre indique qu'il y a un problème dont vous avez sous estimé l'importance et que vous allez devoir y prêter une sérieuse attention.

Rêver d'une pierre que l'on n'arrive pas à identifier

Si l'on est incapable d'identifier le cristal que l'on voit en rêve il faut utiliser le symbolisme de sa couleur pour l'interprétation.

Pierre blanche ou transparente

La pierre blanche représente la pureté, l'innocence, les relations avec les jeunes personnes, l'amitié. Le blanc est la couleur des anges supérieurs appartenant au choeur des Séraphins, ils protègent et dirigent l'homme sur son chemin de vie pour lui éviter les fautes.

Pierre bleue

La pierre bleue symbolise la paix, incite à la tranquillité,

inspire la confiance, la loyauté, la sécurité et la pureté.
Le bleu est la couleur de l'Archange Michaël, il aide les gens à surmonter la peur et à trouver la force d'affronter les complications avec justesse en rejetant les mauvais compromis, il protège contre le danger dans les situations périlleuses, redonne l'espoir et la détermination.

Pierre jaune ou or

La pierre jaune symbolise la joie, l'imagination, la jeunesse, l'espoir, l'action, l'optimisme et la bonne humeur ainsi que l'argent et les gains. Le jaune est la couleur de Jophiel, l'ange de la beauté qui aide les gens à avoir des pensées heureuses, à être optimiste et apprécier ce qui est positif.

Pierre noire

La pierre noire représente la force, le bon sens commun, la constance, la persévérance, l'inconscient, le jugement. Le noir est la couleur de l'Archange Cassiel, l'ange de la parfaite harmonie dont la mission est d'équilibrer les extrêmes: lumière et ombre, bonheur et tristesse.

Pierre rouge

La pierre rouge symbolise les sentiments et les passions violentes ou extrêmes, l'amour et la haine.

Elle est associée au choeur des Vertus, ces anges très puissants qui contrôlent le mouvement de toutes choses.

Pierre rose

La pierre rose représente l'amour, la compassion, l'amitié, la célébration, l'espoir et le bonheur, l'innocence et la douceur.

La couleur rose est associée à Ariel, ange appartenant au
choeur des Puissances dont le devoir est de répartir de façon équitable la force et la puissance parmi l'humanité. La fonction d'Ariel est de donner la perception exacte de ce que l'on doit faire pour réussir sa vie, il développe la confiance en soi, procure un esprit fort et subtil et veille tout particulièrement sur les animaux et la nature.

Pierre verte

La pierre verte représente l'espoir, la santé, la prospérité, le renouveau, elle est associée au choeur des Archanges.

La couleur verte est celle de Raphaël, l'ange de la compassion et du réconfort qui apporte son aide à ceux qui souffrent aussi bien physiquement que spirituellement. Raphaël enseigne la sagesse et l'écoute, il veille sur la Terre et sur les animaux.

Pierre violette

La pierre violette représente la justice, les honneurs, le succès, l'argent, l'abondance.
La couleur violette est associée aux anges appartenant au choeur des Principautés, esprits messagers qui dominent les plantes, les fleurs, la nature. Ils ont pour mission de guider les gens à prendre de bonnes décisions et à manifester leur autorité pour rétablir l'ordre.

Violet est la couleur de Jérémiel, Ange de l'espoir, il apporte le réconfort, aide à trouver de nouvelles directions, à faire d'autres choix, à trouver des solutions. Il est aussi l'Ange du renouveau et de l'introspection.

SIGNIFICATION ET INTERPRÉTATION DU LANGUAGE DES PIERRES

AGATE

Couleurs très variées :
blanc à gris, bleu clair, orange, rouge, noir

Rêver d'Agate signifie la concrétisation d'un projet, d'une affaire qui donnera lieu à un voyage, un trajet ou un déplacement imprévu.

Symbolique :
l'Agate est liée au plaisir et au charme, à ce qui est agréable, à l'entente, à la tranquillité et au succès.

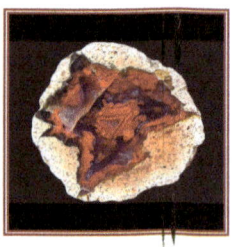

Thèmes du rêve :
plaisir, rencontres sympathiques, destinée agréable, séduction.

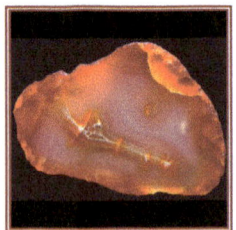

AIGUE-MARINE

Couleur : bleu clair

Rêver d'une Aigue-Marine annonce une harmonie sentimentale, une affection partagée et un bel avenir, des rencontres et de nouvelles amitiés.

Symbolique : l'Aigue-Marine est liée au bonheur, à l'intelligence et à la compréhension, au destin et à la fatalité, au mariage et à la fidélité.

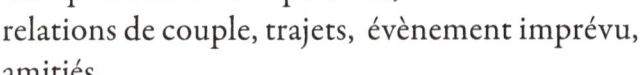

Thèmes du rêve :
visions prémonitoires, clairvoyance, intuition, contacts avec des personnes de pouvoir, relations de couple, trajets, évènement imprévu, amitiés.

L'aigue-marine est associée à Raguel, l'Archange qui nous aide à maintenir l'harmonie et l'ordre dans nos relations.

Ambre

Couleur : orange clair à foncé

L'ambre indique quelque chose de rigide et d'inflexible dans votre vie. Un évènement du passé qui a cessé d'exister s'avérera extrêmement important pour votre futur.

Alternativement, rêver d'Ambre indique une façon de penser périmée, de vieilles idées à remettre en question, un besoin d'ouverture.

Symbolique : l'Ambre est lié au temps, à l'existence, à la vieillesse et à la jeunesse, à la chaleur et à la passion.

Thèmes du rêve :
famille, trahison, guérison, déception, disputes, blessures affectives ou physiques. L'ambre est associé à Uriel l'Archange des avertissements et des prophéties qui nous apporte son aide dans les cas difficiles ou graves.

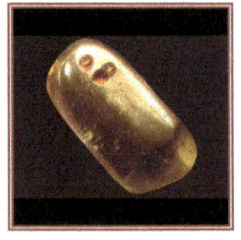

AMÉTHYSTE

Couleur : violet clair à foncé

Rêver d'Améthyste est un signe de chance et de protection. Si vous avez des relations d'affaires, il faut envisager la possibilité d'une réception ou d'une rencontre source de grande satisfaction.
Voir une Améthyste dans une maison signifie un mariage heureux et calme, une vie sereine.
Rêver de perdre une Améthyste indique un risque de perte matérielle ou de procès, des problèmes financiers dans votre vie personnelle.

Symbolique : L'Améthyste est liée aux addictions de toutes sortes, au pouvoir, à la religion, aux affaires et au commerce, à l'hérédité et à la prospérité.

Thèmes du rêve :
famille, dépendances, tendances à l'obsession et à l'impulsion, vie professionnelle et spirituelle, méfiance, autorité et bien-être.

Amétrine

Couleur : mauve avec reflets jaunes
Symbolique : L'amétrine, mélange d'améthyste et de citrine, est liée à la transformation et à l'acceptation. Elle révèle et accentue positivement ce que représentent les deux pierres qui la composent.
Thèmes du rêve : gains financiers, amélioration, récompenses et succès, renouveau d'énergie, regain d'optimisme, période d'intuition et de décisions.

Amazonite

Couleur: vert bleu
Symbolique : considérée comme la pierre des Amazones, peuple de femmes guerrières, l'Amazonite est liée à la dualité féminine.
Elle indique une situation liée à la violence et aux conflits, une lutte profonde entre la force et la justice.
Thèmes du rêve :
pouvoir féminin, rivalité, impartialité, séparation, divorce, célibat.

Aventurine

Couleurs variées : vert, orange, brun, bleu

Rêver d'aventurine est un bon présage pour les affaires de coeur. Ces rêves peuvent refléter une augmentation de gains, une bonne surprise, l'amour-propre et le repos intérieur, un voyage agréable, des retrouvailles.

Symbolique :
l'Aventurine est liée à la chance, au bonheur, au hasard et aux surprises.

Thèmes du rêve :
imprévu, coïncidence, réussite, plaisirs partagés, rencontres amicales lors de déplacements, amélioration financière et professionnelle.

Azurite

Couleur : bleu profond

Symbolique : l'Azurite est liée à l'intuition, à la prémonition et aux très jeunes enfants.

Thèmes du rêve : réunions familiales, joie avec les proches, allégresse, bonheur, contacts spirituels, découverte d'informations plaisantes, bon sens d'adaptation, grande intuition, période de changements, visions claires des évènements.

Calcite

Couleurs variées : incolore, brun, jaune, rose, vert, rouge, noir, gris...

Symbolique : la Calcite est liée à

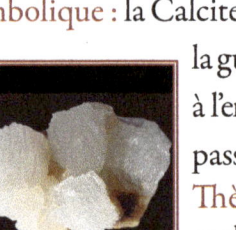

la guérison physique, à la passion, à l'enthousiasme et aux sentiments passionnés.

Thèmes du rêve : maladie, convalescence, santé, relations, émotions.

Calcédoine

Couleurs variées :
transparent, gris, bleu, blanc

Symbolique :
la Calcédoine est liée à l'éducation, aux études, à l'enseignement, à la confiance et au courage.

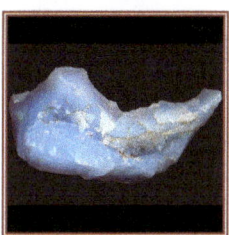

Thèmes du rêve :
famille, enfants, savoir faire, examens, emploi, sommeil, rêves, fidélité, progrès et amélioration d'une situation.

Célestite

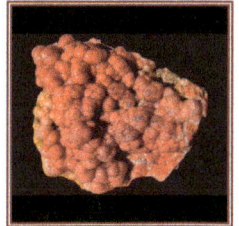

Couleur : blanc à bleu clair

Symbolique :
la Célestiste (ou Célestine) est liée à la douceur et

à la bienveillance, à la légèreté et à la délicatesse.

Thèmes du rêve : absence de souci, indulgence, désir de rendre service, sentiment de gratitude.

Chrysoprase

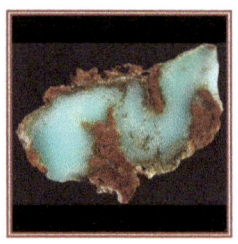

Couleur : vert

Symbolique : la Chrysoprase est liée à la liberté, à la justice, aux procès, à la parole et aux discours.

Thèmes du rêve : sensation d'étouffement, situation d'enfermement, de solitude, manque de liberté, oppression, conformisme, confinement, éloquence, promesse, impunité, contrainte, risques de litiges et de problèmes judiciaires.

Citrine

Couleur : jaune orange

Symbolique :

la Citrine est liée aux gains, à l'argent gagné principalement aux jeux de hasard, à la chance et à l'estime de soi.

Thèmes du rêve : réputation, réussite, finances, fantaisie. La citrine est associée à l'archange Gabriel qui nous aide à découvrir la force et la puissance de notre pouvoir personnel, favorise la fertilité et la famille,

Cornaline

Couleur : orange clair à foncé

Rêver de Cornaline laisse présager un problème imminent ou une période de malchance.

Symbolique : la Cornaline est liée à l'avidité, à la critique, à la jalousie et à la convoitise, à l'accomplissement et réalisation des souhaits, à l'inattendu, au danger.

Thèmes du rêve : rapports compliqués et communication difficile avec les autres, discussions, projets retardés, chance, plaisir passager, confiance de courte durée, joie et satisfaction, contrariété.

CRISTAL DE ROCHE

Couleur : transparent, opaque, blanc

Le cristal de roche dans votre rêve représente l' intégrité, la pureté et l'unité.

Rêver de regarder au travers d'un cristal indique que vous cherchez à l'intérieur de vous même les moyens de parvenir au bonheur.

Symbolique : le Cristal de Roche est lié à la pureté, à l'eau sous toutes ses forme et à la réflexion.

Thèmes du rêve : idées nouvelles, naissance, création, personnalité, image que l'on donne de soi, illusions, tromperie.

Le cristal de roche est associé à l'Archange Raziel qui nous aide à acquérir une compréhension spirituelle plus profonde et nous fait voyager dans nos rêves pour y découvrir la vérité et la sagesse.

Diamant

Couleur :
transparent, coloré

Rêver de posséder des Diamants est un présage de grands honneurs, la reconnaissance de personnages hauts placés et la clarification d'affaires compliquées.
Rêver de recevoir des Diamants en cadeau est un signe d'union heureuse et honorable.
Rêver de la perte de Diamants indique un risque de déshonneur et de manque d'argent.

Si vous rêvez que vous volez des Diamants cela signifie que vos pensées seront mises à nu.

Symbolique : le Diamant est lié à la victoire et à la réussite, à la force et au courage, à l'innocence et à la culpabilité, à l'occulte, à la fertilité, à la dualité, richesse et pauvreté.

Thèmes du rêve : découverte, succès, aisance financière, protection, chance, justice, grandes capacités de discernement.

ÉMERAUDE

Couleur : vert profond

Rêver d'émeraude est un signe de longévité, de bonne santé, de fort tempérament, le signal de la fin des ennuis et des épreuves.

Symbolique :
l'Emeraude est liée à la clairvoyance, aux visions prémonitoires, à la faculté d'expression et de communication, à l'aisance matérielle, au passé et à la mémoire.

Thèmes du rêve : compréhension, discernement, lucidité, perspicacité, gains financiers, intelligence, études, concentration, discussions, promesses, ascendants, personnes âgées.

L'Emeraude est une pierre précieuse associée à l'Archange Raphaël dont la mission est de soulager les souffrances et de guider les hommes sur les chemins de vie qui leur sont favorables.

Fluorite

Couleurs variées : rose, bleu, vert, jaune, mauve, rouge

Rêver de fluorite signifie que l'on parvient à prendre le contrôle et à dominer une situation délicate.

Symbolique : la fluorite est liée à la stabilité, à l'ordre et à l'organisation, à l'éveil et l'élévation spirituels.

Thèmes du rêve :
bonne période d'équilibre, situation stable ou figée, organisation et discipline.

La fluorite verte est associée à l'Archange Chamuel qui veille sur notre destinée.

Grenat

Couleurs variées : rouge, vert, orange, noir

Rêver de Grenat est un signe de concentration et d'ordre, l'esprit est ouvert prêt à résoudre les situations difficiles.
Rêver de trouver ou de recevoir un Grenat, indique la résolution de conflits, la paix et la clarté d'esprit dans les problèmes auxquels vous faites face.

Symbolique : le Grenat est lié à la loyauté, à la vitalité et au dévouement

Thèmes du rêve :
- grenat rouge : amour, passion, sensualité, pensées positives,
- grenat vert : patience, sérénité, paix, guérison,
- grenat jaune : calme et repos,
- grenat orange ou marron : acquisitions immobilières, la maison, l'hérédité.
- grenat noir : force, pouvoir personnel, endurance

HÉMATITE

Couleur : gris foncé à noir

Rêver d'Hématite représente des préoccupation dûes à des soucis légaux en cours ou à venir.

Symbolique :
l'Hématite est liée à tout ce qui concerne la Justice, les décisions judiciaires et toute personne ayant à faire avec la Loi.

Thèmes du rêve :
procès, justice, litiges, verdicts, sentence, période trouble et agitée, conflits de voisinage ou désaccords professionnels.

Jade

Couleurs variées :

vert, bleu, rouge, jaune, blanc, noir

Rêver de Jade est un signe de puissance et de vérité, de croissance, de formation et du développement de la personnalité.

Symbolique :
le Jade est lié aux sentiments amicaux et amoureux, aux plaisirs, au domaine musical, à la santé et à la protection physique.

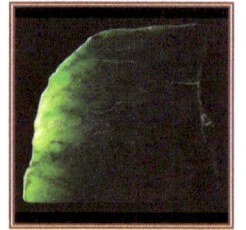

Le Jade vert est plus particulièrement connecté aux relations sentimentales, à la passion et à la volupté ainsi qu'à la richesse et à la santé.

Thèmes du rêve :
relations, couple, romance, santé, chance, bonheur.

Jaspe

Couleurs variées : rouge, jaune, marron, vert, bleu

Rêver de recevoir une pierre de Jaspe est un signe de chance en affaires et dans la vie personnelle.
Rêver d'avoir une pierre de Jaspe dans la bouche, signifie une découverte intéressante, la révélation de faits dissimulés, la fin d'un mensonge.

Symbolique :
le Jaspe est lié à la nature, à l'abondance, aux contacts amicaux sincères et aux récompenses.

Thèmes du rêve :
période favorable, situation avantageuse, intuition, gains et bénéfices, santé, créativité, relations, climat de confiance.

Le Jaspe est associé à Barchiel Ange de compassion et de force intérieure qui veille sur la vie, la guérison, et la fertilité.

Kunzite

Couleur : rose clair à rose profond

Symbolique : la Kunzite est liée à la sagesse, au discernement et à la connaissance, à la gentillesse et à l'amitié

Thèmes du rêve : nouvelles rencontres, affection et amour, discipline et ordre, aide affective, période de sérénité, calme et tranquillité

Labradorite

Couleur : vert bleu aux reflets métalliques

Symbolique : la Labradorite est liée au passé, à la mémoire de l'enfance, aux souvenirs, aux réunions et contacts avec des gens dont on ne recevait plus de nouvelles.

Thèmes du rêve : famille, parenté, ascendance, conscience spirituelle, tranquillité d'esprit, aboutissement.

Lapis-Lazuli

Couleur : bleu profond

Rêver de Lapis-Lazuli indique que vous allez recevoir

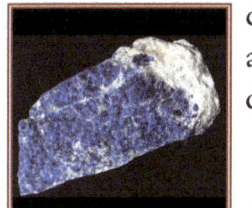

des nouvelles d'une personne aimée, on peut aussi envisager des retrouvailles amicales.

Symbolique : le lapis-lazuli est lié au tempérament, à la joie et à la gaieté.

Thèmes du rêve : ambiance agréable, bonheur, promenade, déplacement, aide inattendue de la part de personnes sincères.

Le Lapis-Lazuli est associée à Zadkiel l'Archange qui nous apprend à pardonner, à ne pas porter de jugements, à apprécier les autres et à respecter leurs idées.

MALACHITE

Couleur : vert

Rêver de Malachite représente un désir secret de réconciliation familiale ou amicale.

Symbolique : la Malachite est liée aux enfants et à tout ce qui touche à leur protection.

Thèmes du rêve :
enfant, descendance, jeunesse, soutien, santé, amour filial et parental, possibilité de renouer des liens amicaux.

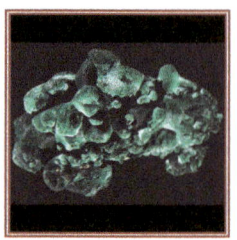

Associée au choeur des Archanges la Malachite est connectée à Raphaël, médecin du ciel qui soulage et guérit les situations douloureuses.

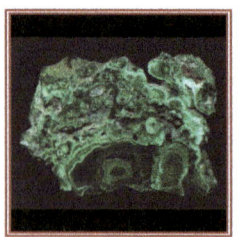

Moldavite

Couleur : vert

Rêver de Moldavite concerne un lien avec le passé, des souvenirs qui ressurgissent, des gens que l'on n'a pas vu depuis longtemps.

Symbolique :
la Moldavite est liée à la guérison physique et spirituelle, à la méditation, à la communication avec les défunts et à la divination.

Thèmes du rêve :
grandes capacités de réflexions et d'analyses, développement de la vie intérieure, sensibilité aux contacts avec les esprits, clairvoyance et visions, travail spirituel sur la mémoire, intériorisation et autocritique.

Obsidienne

Couleurs variées :
noir, marron foncé, bleu noir

Symbolique : L'Obsidienne est liée à la transforma-

tion spirituelle, l'Obsidienne oeil céleste met l'accent sur l'introspection, les capacités psychiques, les illusions sur soi-même et sur les autres.

Thèmes du rêve :
nécessité de se rapprocher de la réalité, accepter de voir ses mauvais côtés, chagrin et deuil, pessimisme, critiques et fausses accusations, grande sensibilité, acceptation de notre sensualité et sexualité, périodes de changement, équilibre spirituel et mental, paix de l'esprit, découverte d'un pouvoir inconnu.

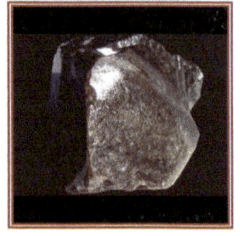

Oeil de Tigre

Couleur : marron avec des reflets dorés

Symbolique : l'Oeil de Tigre est lié à l'argent, aux bénéfices, aux gains ainsi qu'à la volonté et au courage.
Thèmes du rêve : finances, compréhension intellectuelle, décisions fermes, grande fermeté morale, énergie.

Onyx

Couleurs variées : blanc, marron, noir

Mariage, union, divorce

Rêver d'Onyx indique que l'on acquiert un équilibre spirituel et mental. Le rêve symbolise également la paix de l'esprit, la puissance et la maturité.

Symbolique : l'Onyx est lié au couple, à la séparation et aux disputes, au mariage et au divorce.
Thèmes du rêve : éloignement, désaccord, rupture, conflits.

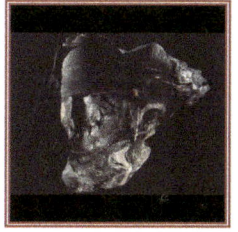

Opale

Couleurs variées :
incolore, blanc, jaune, rouge, orange, rouge, vert, marron, noir, bleu

Rêver d'Opale signifie que vous devez être plus passionné dans votre vie amoureuse et ne pas hésiter à exprimer vos sentiments.

Symbolique : l'Opale est liée à l'amour, à la passion et à la loyauté, à l'originalité et la créativité. L'Opale de Feu est plus particulièrement connectée aux sentiments très profonds.

Thèmes du rêve : libido et désir sexuel, vie amoureuse, nature des sentiments, fidélité, expressivité émotionnelle, spontanéité, malheur et réussite.

PÉRIDOT

Couleur : vert

Symbolique : le Péridot est lié à la guérison et à la renaissance.

Thèmes du rêve : période de renouveau, colère, jalousie, irritation, relaxation, capacités de récupération.

Pierre de lune

Couleurs variées : blanc, incolore, gris, rose

Rêver de Pierre de Lune signifie que vous devez vous méfier d'éventuels ennemis, que vos intérêts sont menacés.

Symbolique :
la Pierre de Lune est connectée à la chance et à l'amour mais aussi aux altercations et à la rivalité.

Thèmes du rêve : mariage, couple, rencontres et relations, retrouvailles, réunions.

Quartz rose

Couleur : rose

Symbolique :
le quartz rose est lié à l'amour sous toutes ses formes ainsi qu'à la guérison physique et affective.

Thèmes du rêve :
perte d'une relation amicale, maison, famille, déception sentimentale, épreuves à surmonter, souvenirs enfouis, apprendre à s'aimer et s'estimer davantage, prise de conscience de la réalité, ouvrir son coeur aux autres.

Rubis

Couleur : rouge à marron-rouge

Symbolique : le Rubis est lié à la maison, aux biens, à la propriété, aux acquisitions.

Thèmes du rêve :
famille, transmission d'héritage, patrimoine, capital, succession.

Saphir

Couleurs variées : bleu, jaune, orange

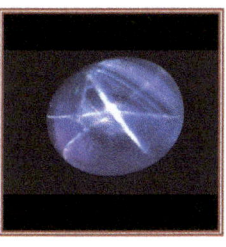

Rêver de saphirs signifie que vous bénéficiez de protections occultes, votre esprit s'ouvre à la connaissance, une situation compliquée s'éclaircit.

Symbolique : le saphir est lié au passé, aux défunts, au spiritisme, au destin.

Thèmes du rêve : famille, souvenir, évocation des personnes décédées, communication spirituelle, religion, fatalité.

Sodalite

Couleur: bleu profond

Symbolique : la Sodalite est liée à la à la pensée et à la réflexion ainsi qu'aux mises au point et à l'organisation.

Thèmes du rêve :
équilibre émotionnel, intuition, clarté, discussions qui conduisent à la vérité, esprit de logique.

Sugilite

Couleur : rose à violet foncé

Symbolique :
la Sugilite est liée à l'amitié, à la fraternité et à l'entente ainsi qu'au pardon.

Thèmes du rêve :
indulgence, entente et harmonie familiale et professionnelle, contacts sympathiques.

Tanzanite

Couleurs : bleu, violet

Symbolique :
la Tanzanite est liée au renouveau, au changement, à la prise de conscience des réalités.

Thèmes du rêve :
transformation, nouveau départ, lucidité, rencontres importantes, rajeunissement, fin d'une période.

Topaze

Couleurs variées : transparente, blanc, vert clair, bleu, rose, jaune, rouge

Rêver de Topaze signifie triomphe et protection dans les circonstances les plus difficiles, distractions et plaisirs, joie et amitié.

Rêver de la perte d'une Topaze indique le risque d'être victime d'une conspiration inspirée par la jalousie.

Symbolique :
la Topaze est liée au merveilleux, au surnaturel, à l'inexplicable, à la conjuration et à l'invocation.

Thèmes du rêve :
chance, hasard, sentiments indéfinissables, situation obscure, choses insolites.

Les anges et nos pierres de rêve - 125

Tourmaline

Couleurs variées :
noir, rose, rouge, vert, vert et rose, jaune

Rêver de Tourmaline signifie qu'il faut agir avec prudence, ne pas prendre de décisions hâtives, laisser passer le temps, réfléchir avant d'agir.

Symbolique :
la tourmaline est liée à l'ego, à la personnalité, la puissance et la capacité personnelle.

Thèmes du rêve :
tempérament nerveux, personne de caractère, non-conformisme, ouverture d'esprit et compréhension.

Turquoise

Couleur : bleu

Rêver de Turquoise est un signe de chance, d'enrichissement, de bonne fortune, de prospérité et de réussite.

Symbolique :
la Turquoise est liée à la santé et à la guérison mais aussi à la chute et à l'effondrement.

Thèmes du rêve :
maladie, rétablissement, anéantissement des projets, épuisement moral ou physique, entraide et solidarité, soutiens dans le domaine professionnel.

Un autel pour les anges

En signe de bienvenue et de respect envers les Anges, vous pouvez ajouter un autel dans votre maison.

Il s'agit d'un simple espace réservé uniquement pour vous et les esprits célestes, ce peut être une étagère ou une petite table dans la pièce où vous vous sentez à l'aise pour vous détendre, méditer et communiquer avec vos anges.

Il n'y a pas de règles quant à ce que vous pouvez mettre sur votre autel, cela dépend uniquement de vos envies.

Choisissez quelque chose que vous aimez et qui vous rappelle vos anges: une jolie nappe, un beau napperon, des pierres et des cristaux, des photos d'êtres chers, des bougies, de l'encens, des figurines d'anges, des fleurs, une plume, une petite fontaine etc.

Tout ce qui vous paraît agréable et vous aide à vous sentir bien peut se trouver réuni dans cet endroit.

Lorsque votre autel est constitué il est très important qu'il soit respecté par toutes les personnes de votre entourage.

Il faut veiller à ce qu'aucun autre objet ne vienne polluer ce lieu qui vous est exclusivement réservé de façon à ce qu'il demeure un endroit accueillant pour y inviter les Anges.

Comment mieux communiquer avec mon ange gardien ?

Vous pouvez communiquer avec les Anges comme expliqué précemment, grâce à la méditation et à l'aide des cristaux.

Vous pouvez aussi le faire par le biais de vos rêves. Ecrivez vos sentiments sur une feuille, notez tout ce qui est dans votre coeur, tout ce qui vous préoccupe, tout ce que vous voulez dire à vos anges.

Lorsque vous vous couchez, placez la feuille sous votre oreiller, demandez aux anges de venir à votre rencontre dans votre sommeil et de vous accorder la possibilité de mémoriser vos rêves au réveil.

Est-ce que les messages que je reçois dans mes rêves peuvent venir d'une personne disparue ?

Les Anges sont des guides protecteurs très avancés, qui nous protègent depuis toujours.

Les personnes qui nous étaient chères ne sont pas des guides spirituels, cela ne signifie pas qu'elles ne sont pas avec nous mais elles ne peuvent pas communiquer directement et nous faire parvenir leurs messages car seuls les Anges ont cette capacité.

Les proches disparus, les ancêtres, continuent de veiller sur nous, ils communiquent avec notre Ange Gardien pour lui demander de conseiller et protéger ceux qu'ils aiment.

Il est difficile de définir de quelle manière exacte se déroule un rêve car bien souvent, nous ne nous rappelons que de fragments n'ayant pas forcément une signification précise.

Parfois ils se déroulent comme une histoire avec un début et une fin et d'autres fois nos rêves sont hachés, passant d'une situation à une autre sans aucune logique.

Pour faciliter l'interprétation de vos rêves, il est donc préférable de noter au fur et à mesure tout ce dont vous vous souviendrez.

Avant d'aller vous coucher, préparez le livre et un crayon à côté de votre lit pour pouvoir écrire ce qui vous revient à la mémoire dès le réveil.

Plus vous pourrez détailler vos rêves, mieux vous aurez accès aux informations nécessaires à l'interprétation des messages que vous envoie votre Ange Gardien.

En gardant vos souvenirs, vous parviendrez, au fil de vos notes, à reconstituer le puzzle de vos nuits.

L'interprétation des rêves de pierres et des rêves en général demande de la pratique, ne désespérez pas si vous n'obtenez pas une explication immédiate.

Avec l'aide de ce livre vous parviendrez petit à petit à décrypter les messages que l'on vous envoie et, rapidement, vous serez à même de mieux analyser et agir sur les évènements qui se produisent dans votre vie .

Le bonheur et le malheur, sont quelques fois dûs uniquement à nos actions, à nos fréquentations et à nos rapports avec les autres.
C'est sur notre comportement personnel que nous devons agir pour améliorer notre vie et faire confiance aux messages de notre Ange Gardien car sa mission est de nous guider sur le bon chemin, celui du bonheur.

J'espère de tout coeur que ce livre vous rendra service et je vous souhaite de douces nuits peuplées de belles communications avec les Anges.

Notes

Notes

Notes

Notes

Notes

Notes

La plupart des photos de pierres et de cristaux que vous avez pu voir dans le livre proviennent de ma collection privée et de la Boutique Lithothérapie

Si vous souhaitez acquérir des minéraux de qualité pour la méditation, la lithothérapie, la minéralogie ou tout simplement pour décorer votre intérieur avec de belles choses

Venez nous rendre visite en ligne sept jours sur sept !

www.boutiquelithotherapie.com

vous trouverez un grand choix
de bijoux en pierres naturelles,
des pierres et des cristaux,
ainsi que beaucoup d'articles
en relation avec les minéraux

RÉFÉRENCES

The Interpretation of Dreams in the Ancient Near East
A. Leo Oppenheim

Mineral from earth and sky
George P. Merrill

Gems and gem minerals
William F. Foshag

Dream color and emotion
Robert Hoss

Elements of dream interpretation
Joan Schön

Les rêves et l'éveil intérieur
H.P. Blavatsky

A Dictionary of Angels, Including the Fallen Angels
Gustav Davidson

The Interpretation of Dreams
Sigmund Freud

The (Motivated) Interpretation of Dreams
Carey K. Morewedge

Gems and precious stones of North America
George Frederick Kunz

The magic of jewels and charms
George Frederick Kunz

Lucid dreaming
Lucidity Institute

The force of mind
Alfred T. Schofield

Du même auteur :

SPF Sans Personnalité Fixe
Le prédateur du trouble de la personnalité narcissique

Chakras & Intelligences Multiples

Comment ne pas déséquilibrer les chakras des enfants grâce aux Intelligences Multiples

Petit dictionnaire des sciences occultes

La prophétie des pierres précieuses

---

www.patricia-chaibriant.com

Table des matières

Introduction 5

Qu'est ce que le rêve ? 7
  Le rêve, un élixir de longue vie 9
  Le sommeil et les différents types de rêves 10
  Rêverie 11
  Rêves lucides 11
  Rêves récurrents 11
  Rêves de guérison 12
  Rêves prophétiques 12
  Rêves cosmiques 13
  Rêves progressifs 14
  Rêves communs 14
  Rêves télépathiques 14
  Apparition 15
  Cauchemar 15

Les Anges 17
  La hiérarchie des Anges 19
  Communiquer avec lesAnges 22
    Protection contre les anges déchus 22
  La méditation 24
  Anges à invoquer par domaines 26
    Argent, finance, prospérité, chance 26
    Relations amoureuses, couple, amitié 27
    Relations familiales, enfants, parents 28

Travail, emploi, carrière, études............................29
Santé, équilibre émotionnel 30
Protection contre les forces négatives 31
Protection de la nature et des animaux.................31

Les principaux anges 32

Vers quel ange se tourner 34

Ariel 34

Azraël 34

Chamuel 35

Gabriel...36

Haniel..36

Jérémiel 37

Jophiel 37

Métatron 38

Michaël 39

Raguel 39

Raphaël 40

Raziel 41

Sandalphon...41

Uriel 42

Zadkiel 42

Les Anges et les sept planètes................44

Principales influences planétaires sur les rêves:...45

Lundi : Planète Lune....................................46

Mardi : Planète Mars...................................47

Mercredi : Planète Mercure 48

Jeudi : Planète Jupiter.................................49

Vendredi : Planète Vénus...................................50
Samedi : Planète Saturne 51
Dimanche : Planète Soleil 52

Influence des mois sur les rêves 54

Janvier 54
Février 55
Mars 55
Avril...55
Mai 56
Juin 56
Juillet 56
Août 57
Septembre 57
Octobre 57
Novembre 58
Décembre...58

Les signes du zodiaque et les anges 59

Capricorne..59
Verseau...60
Poissons 61
Bélier 62
Taureau 63
Gémeaux..64
Cancer 65
Lion 66
Vierge 67

- Balance 68
- Scorpion 69
- Sagittaire 70

Les messages des anges 72
- Joie 72
- Paix 72
- Consolation 72
- Colère 73
- Inspiration 73
- Guérison 73
- Prophéties 74
- Avertissement 74
- Encouragements 74

Les rêves de pierres 75
- Rêver de bijoux 75
- Rêver de bague 76
- Rêver de collier 76
- Rêver de bracelet 77

Influence des couleurs des pierres 78
- Blanc, transparent - pureté 82
- Bleu - communication 82
- Jaune - guérison 83
- Marron - stabilité 83
- Noir - mort et renouveau 83
- Orange - stimulation 83
- Rose - amour 84
- Rouge - passion 84
- Vert - harmonie 84
- Violet - transformation 84

Argent	84
Bronze et cuivre	85
Or	85

Interprétation des lieux 86

Interprétation des actions 88
Rêver d'une pierre que l'on n'arrive pas à identifier 90
Pierre blanche ou transparente 90
Pierre bleue 90
Pierre jaune ou or 91
Pierre noire 91
Pierre rouge 91
Pierre rose 92
Pierre verte 92
Pierre violette 93

Signification du language des pierres 95
Agate 96
Aigue-marine 97
Ambre 98
Améthyste 99
Amétrine 100
Amazonite 100
Aventurine 101
Azurite 102
Calcite 102
Calcédoine 103

Célestite	103
Chrysoprase	104
Citrine	104
Cornaline	105
Cristal de roche	106
Diamant	107
Emeraude	109
Grenat	110
Hématite	111
Jade	112
Jaspe	113
Kunzite	114
Labradorite	114
Lapis-lazuli	115
Malachite	116
Moldavite	117
Obsidienne	118
Oeil de tigre	119
Onyx	119
Opale	120
Péridot	121
Pierre de lune	121
Quartz rose	122
Rubis	122
Saphir	123
Sodalite	123
Sugilite	124
Tanzanite	124

Topaze	125
Tourmaline	126
Turquoise	127
Un autel pour les anges	128
Comment mieux communiquer avec mon ange gardien?	130
Messages d'une personne disparue	131
Notes	134
Références	141

www.ingramcontent.com/pod-product-compliance
Lightning Source LLC
LaVergne TN
LVHW061624070526
838199LV00070B/6568